EUROPAVERLAG**BERLIN**

Hans Ulrich Abshagen

Generation Ahnungslos

Wie ich auszog, um für Hitler
den Krieg zu gewinnen

EUROPAVERLAGBERLIN

Das vorliegende Buch basiert auf dem Titel *Generation Ahnungslos*, erstmals erschienen 2003 im Zeitgut Verlag.

© 2014 Europa Verlag GmbH & Co. KG,
Wien · Berlin · München
Umschlaggestaltung: David Hauptmann,
Hauptmann & Kompanie Werbeagentur, unter Verwendung
eines Motivs von Hans Ulrich Abshagen

Fotos im Innenteil: Hans Ulrich Abshagen

Quellennachweis
Seite 7 aus: *Eugen Drewermann, Liebe, Leid und Tod.*
Daseinsdeutung in antiken Mythen
© Patmos Verlag der Schwabenverlag AG, Ostfildern 2013
www.verlagsgruppe-patmos.de
Karte Seite 33: Peter Palm, Berlin

Satz: BuchHaus Robert Gigler, München
Druck und Bindung: cpi Clausen & Bosse, Leck
ISBN 978-3-944305-36-3

www.europa-verlag.com

Inhalt

»Man muss die Dinge nur einmal aus der Perspektive
der Betroffenen, der Einzelnen, der Leidenden
betrachten, und man weiß ein für allemal, daß nichts
der Liebe so sehr widerspricht wie das Wort Krieg.
Es schafft nicht nur unzählige Tragödien.
Es ist die Tragödie schlechthin.«

Eugen Drewermann

Vorwort

Es ist das Jahr 1944. Ich will Offizier werden, Infanterieoffizier. Ich will kämpfen für Führer, Volk und Vaterland. Für den Endsieg! Jetzt bin ich in der Ausbildung. Mitten hinein platzt die Nachricht, dass ich der Sohn eines Hochverräters bin, eines Teilnehmers an der Vorbereitung des Attentats gegen Hitler am 20. Juli 1944. Zur gleichen Zeit lerne ich Rose kennen, ein Mädchen aus der Uckermark: Sie wird meine erste Liebe, meine große Liebe!

Dieses Buch beschreibt die Welt von Heranwachsenden, die fähige Offiziere werden wollen und dann endlich zum heiß ersehnten Einsatz an die Front kommen – einem Einsatz, der mit der Kriegsgefangenschaft bei den Sowjets endet. Es ist der Versuch, die Geschehnisse mit den Gedanken und in der Sprache des damals Siebzehnjährigen darzustellen. Dabei helfen mir meine Briefe aus dieser Zeit, die ich im Nachlass meiner Mutter gefunden habe.

Alles, was ich schreibe, hat so und nicht anders stattgefunden. Mein Vorgesetzter, Oberleutnant Junkmann, war ein Nazigegner. Der Leser wird es merken. Als damals Siebzehnjähriger habe ich es nicht gemerkt. Ich war politisch ahnungslos. Nach heutigen Maßstäben wurde ich streng erzogen; aber zwischen meinen Eltern, meiner Schwester und mir herrschte ein freier Umgang mit den Meinungen anderer, mit einer Ausnahme: Über den Nationalsozialismus wurde zu Hause nicht gesprochen. Außerhalb der Familie und in der Öffentlichkeit gab es nur Befehlen und Gehorchen. Es wäre töricht zu behaupten, dass dieses Umfeld mich damals nicht geprägt hätte.

Hans Ulrich Abshagen
Berlin, im Januar 2014

Hans Ulrich Abshagen, 1944

Der Marsch nach Arnsfelde[1]

Vor zwei Stunden, früh um sechs, ging's los. In Deutsch Krone[2], Westpreußen. Übungsmarsch in gefechtsmäßiger Ausrüstung. Stundenlang. Mein Vordermann – vorschriftsmäßiger Abstand achtzig Zentimeter – ist Hermann Höfer. Er ist der Älteste von uns, schon fast achtzehn Jahre alt. Höfer ist mein Freund.

Morgens um fünf ist Wecken. Ich wache immer früher auf, kann es gar nicht abwarten. Endlich passiert etwas Sinnvolles. Die blöden Schulstunden sind vorbei. Endlich werde ich echt gefordert.

Hätte mir vor drei Monaten einer gesagt, ich würde Infanterist und hätte sogar Spaß an stundenlangem Marschieren – den hätte ich für verrückt erklärt, ehrlich. Ich wollte was ganz anderes werden. Ich wollte zur See, zur Marine. Auf ein Torpedoboot! Neulich lag eines an der Brücke von Binz auf Rügen, schmal, ganz lang und tiefschwarz. Die Schiffsmaschine lief noch. Das ganze Boot zitterte leicht. Etwas so

---

1   Ortschaft in Polen (ehemals Westpreußen), heute Gostomia
2   Kleinstadt in Polen, heute Wałcz

Erhabenes, so Schönes, hatte ich noch nie gesehen. Oben auf der Brücke sah ich den Kapitän. Er trug als Einziger eine weiße Mütze. Das wollte ich werden: Torpedobootkapitän!

Die Offiziersbewerberprüfung war in Berlin, sie dauerte zwei Tage. Dazu gehörten Marschübungen, jeder Bewerber musste mal das Kommando übernehmen, Gewehrschießen, viel Sport, Fragen aus Erdkunde und Geschichte beantworten und natürlich wurde auch Gegenwartskunde abgefragt. All das hatte ich erwartet und keinen Bammel davor gehabt. Nicht erwartet hatte ich beim Sport einen Boxkampf wie bei Profis im Ring. Der für mich ausgeloste Gegner war ein Muskelprotz. Keine Chance für so ein schmales Hemd wie mich. Die erste Runde hatte ich überstanden, weil ich wie ein Besessener auf den viel Stärkeren eindrosch. Dann traf er mich voll auf die Nase. Die war platt. Der Kampf wurde abgebrochen. Der Kampfrichter bestimmte: unentschieden. Das war ungerecht. Der Sieger war natürlich der Muskelprotz.

Dann gab es für jeden Bewerber ein Einzelgespräch mit dem NS-Führungsoffizier, einem Hauptmann, Glatzkopf, so um die vierzig Jahre, hager, mit einer unangenehmen Stimme. Immer so von oben herab. Alle Kandidaten wussten, was jetzt schon wieder drankommen würde: Weltanschauung. Bestimmt sollte man irgendwas sagen zum Thema »Sicherer Endsieg«.

Ich wollte nicht durchfallen. Trotzdem hatte ich mir vorgenommen, was Eigenständiges zu sagen. Mir wurde die Frage gestellt, was ich zum Endsieg beitragen könne. Sicher war der Glatzkopf so einfallslos und stellte jedem Bewerber die gleiche Frage.

»Herr Hauptmann«, antwortete ich, »wir sollten in der Ausbildung etwas von der Mentalität der Amerikaner und der Russen lernen. Wenn ich einen Gegner kenne, kann ich ihn besser bekämpfen!«

»Wo haben Sie denn den Gedanken her, Bewerber ...«, er suchte in den Papieren auf seinem Schreibtisch meinen Namen, »... Bewerber Abshagen?«

»Hat mir keiner gesagt, Herr Hauptmann. Ich denke, es ist richtig.«

»Und was denken Sie sonst noch zur Ausbildung? Sie wollen doch Offizier werden?«

»Die Ausbildung soll intensiv sein; sie soll aber nicht lange dauern, Herr Hauptmann. Unser Land ist in Gefahr. Ich will in den Kampf! Möglichst bald!«

»Sie werden den Eid ablegen für Führer, Volk und Vaterland?«

»Ich werde schwören: ›Für Führer, Volk und Vaterland!‹«

Am Schluss hieß es: »Bewerber Abshagen hat bestanden.«

Hatte ich auch nicht anders erwartet. Meine Mutter würde sich wundern. Ich würde ihr sagen, dass alles ganz einfach gewesen war. War es ja auch. Aber Mami machte sich immer Sorgen!

Sorgen, weil letztes Jahr meine Schulklasse in die Flakbatterie[3] nach Berlin-Marienfelde verlegt wurde und aus uns Schülern außerhalb der Schulstunden Flakhelfer[4] wur-

---

3 Luftwaffeneinheit mit in der Regel sechs Fliegerabwehrkanonen (Flak) und einem Kommandogerät
4 16-jährige Schüler, deren Schulklassen in Flakbatterien verlegt wurden

Als Flakhelfer in Berlin-Marienfelde, 1943

den. Das war natürlich viel interessanter als der Unterricht an unserer langweiligen Schule in der Kaulbachstraße. Ich hatte mich für das Kommandogerät gemeldet und konnte bei Einsätzen unserer Flakbatterie die feindlichen Flugzeuge im Fernglas sehen. In Marienfelde wurde übrigens weiterhin Lateinunterricht erteilt. Als ob Lateinkenntnisse einem angehenden Soldaten was bringen würden! Was für ein Schwachsinn!

Mami sorgte sich, weil ich mich freiwillig gemeldet hatte und Offizier werden wollte. Dabei wurde sowieso jeder Siebzehnjährige eingezogen, ob er sich nun freiwillig gemeldet hatte oder nicht. Dann sorgte sie sich, dass es kein Abitur mehr gab, weil jeder nur noch den sogenannten Reifevermerk bekam. Und den bekam man auch mit lauter Fünfen und Sechsen.

»Hans Ulrich, hast du's dir auch wirklich überlegt?«, hatte meine Mutter gefragt.

»Mami, bitte versteh mich! Wenn wir schon im Krieg sind, will ich vorne mit dabei sein.«

»Ich mache mir Sorgen, mein Junge.«

»Bitte, Mami! Du bist die süßeste Mami der Welt. Aber das Wort ›Sorge‹ mag ich nicht mehr hören.«

Ich hasse es, wenn meine Mutter mich »mein Junge« nennt.

Mein Vater, den ich seit Kindertagen »Väti« nenne, hatte mehr Verständnis für mich. Er half mir sogar, das für mich richtige Bataillon auszusuchen. Wenn ich mich nicht freiwillig für die Offizierslaufbahn gemeldet hätte, wäre das gar nicht möglich gewesen. Vielleicht wäre ich sonst in einer Schreibstube gelandet oder Schütze drei beim Maschinengewehr geworden – das ist der, der immer die Munitionskästen schleppt.

Nach der bestandenen Offiziersbewerberprüfung musste ich noch zur Augenuntersuchung. Ein Stabsarzt stellte fest: »Abshagen – farbenunsicher von Rot auf Grün.«

Ich kann von Weitem Rot (backbord) und Grün (steuerbord) nicht klar unterscheiden. Also: Marine ade!

Darauf meldete ich mich zur Königin der Waffen, zur Infanterie. Irgendein bedeutender Mensch, Clausewitz oder so jemand, hatte geschrieben: »Die Infanterie trägt die schwerste Last des Kampfes. Darum gebührt ihr auch der höchste Ruhm!«

Dann wollte ich da hin, in eine Eliteeinheit!

Den ersten Schritt habe ich ja nun geschafft. Das XX. Armeekorps bildet eine Offizierselite aus. Den Weg dorthin hat mir mein Vater gezeigt. Da bin ich jetzt zur Ausbildung. In Deutsch Krone.

»Absi!«, ruft mein Vordermann Höfer. Dabei wendet er beim Marschieren den Kopf nicht zur Seite. Sein Stahlhelm zeigt eisern geradeaus. Alle nennen mich Absi. Ich hasse das. Klingt wie »Abziehbild«. »Absi! Vielleicht kannste nachher Kuchen essen! Bei Gerda!«

»Komm doch mit! Allerdings gibt es bei Gerda keinen ›Völkischen Beobachter‹[5].«

Gelächter bei den Kameraden ringsum.

Höfers Stahlhelm sitzt schnurgerade. Sein Koppel[6] auch.

---

5   Tageszeitung der NSDAP
6   Zur Uniform gehörender Ledergürtel, an dem die Patronentaschen, Gasmaske etc. befestigt wurden

Bei ihm ist alles noch gerader als bei allen anderen. Und auf der Stube liest er dauernd, vor allem den »Völkischen Beobachter«. Darin ist er groß. Und uns erzählt er immer, was los ist in der Welt. In Politik ist er eine Autorität. Und auch sonst. Höfer ist unsere Autorität.

Wir dürfen beim Marschieren miteinander reden. Natürlich nur, solange die Ordnung unserer Truppe nicht gestört wird. Wir genießen diese Freiheit. Das liegt an Oberleutnant Junkmann, unserem Kompanieführer. Ein Feingeist, ein Intellektueller, schlank, vielleicht ein Meter achtzig groß, mit 'nem runden Gesicht. Trägt 'ne dicke Brille. Er ist viel älter als wir, so um die dreißig. Und verheiratet. Gehört also schon zur alten Garde. Der riskiert schon mal einen selbstständigen Gedanken. Und er hält nicht viel von dem dauernden nervtötenden Gegröle. Deshalb müssen wir nicht ständig singen beim Marschieren.

Wenn wir nicht mit Kommandos wie »Tiefflieger von rechts!« oder »Artilleriefeuer von links!« in den Straßengraben gejagt werden, erreichen wir in einer Stunde unseren Schießplatz in Arnsfelde. Ich freue mich darauf. Aber nicht auf das, was heute dran ist: Maschinengewehrschießen. Ich bin ein lausiger MG-Schütze. Daran kann ich nichts ändern. Ich bin zu leicht. Der Rückstoß des MG drückt mich nach hinten, dadurch verliere ich mein Ziel.

Heute ist der Tag von Bandow, den wir immer »den Dicken« nennen. Grenadier Bandow. Das Schwergewicht marschiert zwei Reihen vor mir. Er trägt das MG 42, als wär's ein Gewehr, nein, als wär's ein Luftgewehr. Hat 'ne Figur wie der Muskelprotz, der mir die Nase platt gehauen hat. Bandow, der Dicke, wird gewinnen, das ist sicher. Dafür kriegt er den

Nachmittag frei. Sicher wird er dann in der Bäckerei sitzen und sich den Bauch voll Kuchen schlagen. Und er wird versuchen, mit der Verkäuferin anzubandeln. Mit Gerda. Gerda mit dem schwarzen Bubikopf. Die trägt den kürzesten Rock, den ich je gesehen habe. Bedeckt kaum ihre Knie. Wenn meine Omi das sähe, die würde in Ohnmacht fallen.

»Dicker!«, ruft Gaida mit keuchender Stimme. Gaida marschiert rechts neben mir.

»Die Gerda kriegst du nicht. Die steht nicht auf so 'nen Max-Schmeling-Typ wie du.«

Der Dicke sagt gar nichts. Er wechselt nur das Maschinengewehr auf die andere Schulter.

Dafür meldet sich Masuch: »Gerda steht bestimmt auf 'nen Vorzeige-Germanen. Groß, blond, schlank. Sie steht auf Höfer!«

»Quatsch«, sagt Höfer, »die steht auf 'nen Intellektuellen, einen, der klug daherredet. Und der so tut, als wär er ein englischer Gentleman. Das ist Absi!«

Unwillkürlich kommt mir die Länge von Gerdas Rock in den Sinn.

»Absi kriegt sie auch nicht«, erwidert Gaida, »so eine wie die – die ist bestimmt längst vergeben.«

Auf der Straße nach Arnsfelde sorgen fast zweihundert Paar genagelter Stiefel für einen herrlichen Geräuschpegel. Die ganze Luft ist erfüllt davon. Ich genieße es. Ich fühle mich in diesem unnachahmlichen Geräusch geborgen. Rechts und links von uns wechseln sich Felder und Waldstücke ab, manchmal taucht ein kleiner See auf, wenige flache Hügel – eine typisch westpreußische Landschaft. Die Junihitze ist am frühen Morgen noch nicht drückend.

Warum denke ich jetzt an Vanilleeis?

Weil ich den Dicken um seinen Kuchen beneide. Zu Kuchen gibt es nur noch eine Steigerung: Vanilleeis! Und zwar mit so kleinen schwarzen Punkten drin. Die kommen von den Vanilleschoten. Wenn zu Hause in Berlin unsere Köchin, Frau Binger, Eis macht mit der schweren Eismaschine, dann helfe ich gerne dabei. Manchmal drehe ich die Kurbel. Das ist anstrengend. Oder ich schabe die Vanille aus den Schoten. Das Eis ist die absolute Krönung einer Mahlzeit. Gibt es leider viel zu selten.

Nie werde ich vergessen, dass ich diese Krönung einmal fast verpasste. In Berlin-Lankwitz war das, Bruchwitzstraße zwölf, an einem Sonntag am Mittagstisch: mein Vater, diesmal ohne seine Majorsuniform, also in Zivil, meine Mutter, meine Schwester Ilse und ich. Endloses, langweiliges Essen. Sonntags gibt es fast immer Götterspeise als Nachtisch. Ich hasse Götterspeise. Schmeckt wie am Ziegelstein geleckt. Da ist Alkohol drin oder so was. Mein Vater und Ilse führen gebildete Gespräche. In England gibt es angeblich einen Lordsiegelbewahrer. Weiß der Kuckuck, wozu der gut ist!

Meine Mutter hört liebevoll zu. Ich halte lieber den Mund.

Um die Götterspeise zu vermeiden, frage ich nach dem Hauptgang: »Väti, darf ich aufstehen?«

Natürlich weiß ich die Antwort. Ich muss am Tisch sitzen bleiben und wenigstens eine Anstandsportion von dem scheußlichen Nachtisch nehmen.

Da sagt mein Vater völlig überraschend: »Hans Ulrich, du kannst aufstehen!«

Jetzt darf ich keinen Fehler machen, damit die Order

nicht widerrufen wird. Ich stehe auf, stelle den Stuhl langsam und sorgfältig an den gedeckten Tisch zurück, mache eine leichte Verbeugung zu meiner Mutter und sage: »Gesegnete Mahlzeit!«

Ich laufe nicht, nein, ich gehe ruhig und drehe mich, wie es sich gehört, an der Tür noch einmal zu meinen Eltern um, bevor ich das Esszimmer verlasse.

Draußen auf dem Flur kann ich es immer noch nicht fassen, dass ich dem ekligen Ziegelsteingeschmack entronnen bin. Ich laufe in mein Zimmer und schmeiße mich erleichtert auf mein Bett. Mit Schuhen aufs weiße Bett. Herrlich! Ich bin mit der Welt zufrieden. Die Tür zum Gang hatte ich offen gelassen – Gott sei Dank!

Plötzlich sehe ich nämlich unser Hausmädchen Anni – wie immer herausgeputzt mit einer weißen kleinen Schürze und einem weißen Häubchen im Haar – das Esszimmer ansteuern, in ihren Händen eine Vanilleeisbombe! Wie von der Tarantel gestochen schieße ich an ihr vorbei und versuche, mich am elterlichen Esstisch wieder hinzusetzen.

»Hans Ulrich, du hast doch eben schon ›Gesegnete Mahlzeit‹ gewünscht!«, sagt mein Vater ernst und mit ruhiger Stimme, ohne eine Miene zu verziehen.

»Wolfgang!«, wendet sich meine sonst eher schweigsame Mutter an meinen Vater: »Das konnte Hans Ulrich doch nicht wissen! Wir haben heute eine Überraschung zum Nachtisch: Vanilleeis!«

Ich schaue zu Mami. Ihre strahlenden braunen Augen blitzen mich an. Mit ihrem dunklen Wuschelkopf könnte sie die ältere Schwester von Ilse sein. Mami ist die schönste Frau der Welt!

Mein Vater wendet sich schmunzelnd an die gesamte

kleine Tischrunde: »Ihr seht, ich habe in diesem Hause nichts zu sagen!«

Dreißig Meter vor uns, aus dem ersten Zug[7], höre ich den Ruf »Marschordnung!«

Gleich darauf brüllt auch unser Zugführer, Unteroffizier Schmidt: »Marschordnung!«

Und wie ein Echo ist der Befehl auch hinter uns im dritten Zug zu vernehmen.

Innerhalb von Sekunden wandelt sich das Bild der ganzen Kompanie. Aus einer zwar zügig, aber doch eher locker marschierenden Truppe, deren Soldaten sich unterhalten und ihre Waffen so tragen, wie es ihnen am bequemsten ist, ist in Sekunden eine ausgerichtete Elitetruppe geworden. Die Gewehre hängen vorschriftsmäßig über der rechten Schulter, die rechte Faust in Brusthöhe, Daumen ausgestreckt hinter dem Riemen. So steht es in dem kleinen blauen Buch, das jeder von uns fast auswendig kennt: Die HDV, die Heeres-Dienstvorschrift für die Infanterie.

Das darauffolgende Kommando »Im Gleichschritt!« ändert nichts an unserer Haltung. Die Truppe marschiert jetzt auf der einsamen Straße zwischen Deutsch Krone und Arnsfelde wie auf einem Paradeplatz. Mir imponiert unsere Fähigkeit zum plötzlichen Wandel. Aber was soll das Theater? Reine Schikane? Das würde zu Oberleutnant Junkmann nicht passen.

Motorengeräusch. Von vorn kommt ein Kübelwagen[8] und hält. Alle Stahlhelme sind vorschriftsmäßig geradeaus

---

7   Einheit bei der Infanterie (50 Mann)
8   Offener Geländewagen

In dieser Kaserne absolvierten wir unsere Grundausbildung.

gerichtet. Trotzdem entgeht uns nicht, was sich neben uns abspielt. Aus dem Auto steigt unser Chef, Bataillonskommandeur Major von Tucher. Ich höre gerade Junkmanns Worte »Melde gehorsamst ...«

Mich beeindruckt dieser Wortfetzen. Das Wort »gehorsamst« darf nur ein Offizier verwenden, kein Grenadier, kein Unteroffizier oder Feldwebel. Selbst unser »Oberfeld« – das ist Oberfeldwebel Aust – würde nicht wagen, »gehorsamst« zu sagen. Ich bin stolz, dass ich diese Feinheiten schon weiß.

»Männer! Alle mal herhören!«, ruft Höfer.
Gestern Abend in der Kaserne Deutsch Krone auf Stube

zwölf. Wir sind zehn Mann, also eine Gruppe[9]. Höfer ist unser Stubenältester, er ist für die Ordnung verantwortlich. Wir mögen ihn. Groß, schlank, dunkelblond, mit einem offenen vertrauenerweckenden Gesicht. Kommt aus Frankfurt an der Oder. Höfer hat, wie fast alle von uns, den Reifevermerk vom Gymnasium. Hat sogar Griechisch gelernt. Zuletzt war er Fähnleinführer[10] im Deutschen Jungvolk[11] und hatte damit hundertfünzig Jungen unter sich. Jetzt kommandiert er unsere Stube.

»Männer, wir wollen mal über Politik reden. Jemand dagegen?«

»Ja, ich!«, ruft der dicke Bandow mit seiner tiefen Bassstimme. Dabei schaut er nicht von seiner Arbeit auf. Er putzt mit Hingabe sein Koppelschloss. »Ich finde, wir brauchen Socken! Anstelle dieser Scheißfußlappen. Das ist das Thema!«

»Der Dicke hat recht!«, ruft Gaida. Er hat das Bett unter meinem.

»Wir müssen dem Oberfeld sagen, wir brauchen Socken. Keine Fußlappen! Ganz normale Wehrmachtssocken!«

»Also, Männer, ...«

Höfer will weiterreden. Da wird die Tür aufgerissen. In der Tür steht Unteroffizier Schmidt.

Höfer ruft: »Achtung!«

Alle springen auf und stehen stramm, Hände an der Hosennaht. Höfer meldet: »Stube zwölf beim Feierabend. Alle gesund!«

---

9 Kleinste Einheit bei der Infanterie
10 Ein Fähnlein war eine Einheit des Deutschen Jungvolks (etwa 150 Jungen).
11 Unterorganisation der Hitlerjugend (10- bis 14-Jährige)

Schmidt ist ein Hüne, sicher ein Meter neunzig groß, mit einem breiten Grinsegesicht.

»Weitermachen!«, befiehlt er mit seiner knarrenden Stimme. »Bei euch wurde so viel geredet. Hört man meilenweit. Worüber?«

»Herr Unteroffizier!«, beginnt Höfer, »ich wollte gerade über den Führer ...«

»So laut? Und dabei alle durcheinander? Bandow!«

»Wir sprachen über Fußlappen, Herr Unteroffizier!«, antwortet der Dicke wahrheitsgemäß.

»Der Führer und Fußlappen, das passt wohl nicht zusammen!« Kopfschüttelnd verlässt Schmidt die Stube zwölf und schmeißt die Tür zu.

Nach dem Einmarsch der Kompanie in das Schießstandgelände in Arnsfelde ruft Oberfeldwebel Aust: »Wer meldet sich zur Wache am Tor?«

Ich trete vor. Aus den drei Zügen der Kompanie meldet sich keiner mehr.

»Grenadier Abshagen, wer soll der Zweite sein?«

»Grenadier Höfer, zweiter Zug, Herr Oberfeld!«, rufe ich zurück.

Darauf Aust: »Grenadiere Abshagen und Höfer zur Wache abtreten!«

Die Übungen mit scharfer Munition auf dem Schießstand in Arnsfelde bestehen fast nur aus Warten. Die drei Fünfzig-Mann-Züge wurden voneinander getrennt, aber es kommen beim Üben mit dem MG pro Zug immer nur zwei Grenadiere zum Schießen dran, jeweils ein Schütze eins und ein Schütze zwo. Für den leitenden Feldwebel Tobaben, ein ganz kleiner, dicker Kerl, ist das Wichtigste nicht das MG-Schießen, sondern der Schützenwechsel. Wenn beim Wechsel zwischen Schütze eins und zwo einer mit seinem Arsch zu hoch aus der Deckung herauskommt, gelten laut Tobaben beide Schützen als ausgefallen.

Alle anderen warten. In der Wartezeit wird Laufwechsel am Maschinengewehr geübt. Das ist langweilig. Noch langweiliger ist der Wachdienst vor dem Tor, zu dem immer zwei Grenadiere abkommandiert werden. Aber er hat den großen Vorteil, dass man sich dort etwa zwei Stunden lang ungestört unterhalten kann. Darauf habe ich spekuliert. Ich hoffe außerdem, beim MG-Schießen vergessen zu werden. Da würde ich mich nur blamieren.

»Ich weiß, warum du mir das eingebrockt hast. Wegen diesem Mädchen, in das du verknallt bist. Wie heißt sie gleich wieder?«

Ich stehe mit umgehängtem Gewehr neben Höfer.

»Rose«, sage ich zu ihm und spüre, dass ich rot werde.

Höfer und ich haben vor dem Tor Posten bezogen. Wir stehen so eng nebeneinander, dass wir uns gemütlich unterhalten können, aber doch so weit auseinander, dass ein Besucher passieren kann. Wenn ein Offizier käme, würden wir vorschriftsmäßig salutieren. Aber es wird kein Offizier erwartet. Wir stehen so lässig da, wie es eben gerade noch erlaubt ist. Obwohl wir auf Wache stehen, haben wir aus Bequemlichkeit den Gewehrriemen regelwidrig lang gelassen.

»Absi, jetzt alles noch mal von vorn. Du liebst Rose. Hast du's ihr gesagt?«

»Natürlich nicht!«, antworte ich.

»Das soll ein Mensch verstehen«, stöhnt Höfer. »Wir wollen den Krieg gewinnen, und du liebst ein Mädchen, das noch nicht mal etwas weiß von ihrem Glück!«

»Ich wollte mit dir nicht über den Krieg reden, sondern über Rose. Ich brauche deinen Rat.«

»Also, hier ist mein Rat: Schreib ihr, dass du sie liebst!«

»Du spinnst ja! Dann bin ich sie los. Wahrscheinlich.«

»Du hast sie doch neulich zweimal getroffen. Was habt ihr denn da gemacht?«

»Rose hat ein eigenes Pferd, einen Fuchs. Den hat sie mir vorgeführt. Auf dem Gut ihrer Eltern. Und sie ist ein paar Runden mit ihrem Fuchs geritten. Sie trug ein weißes Kleid.«

»Sag mal, du hast wohl geträumt? Keine Reiterin trägt ein weißes Kleid. Reithosen und Stiefel trägt sie! Ein weißes Kleid auf 'm Pferd, das gibt's nur im Kino.«

»Ich sag dir doch: ein weißes Kleid. Und keine Schuhe. Barfuß. Es war glühend heiß!«

»Ich hab's!«, ruft Höfer. »Das mit dem Kleid und ohne Stiefel hat sie gemacht, damit du ihre Beine siehst. Was hat sie für Beine?«

Ich kann nicht antworten.

»Hallo! Absi! Was ist los? Hat's dir die Sprache verschlagen?«

»Mensch, Höfer«, stottere ich, »ich habe noch nie so schöne Beine gesehen ... Ich werd verrückt, wenn ich an Roses Beine auch nur denke!«

Plötzlich spüre ich, dass es mir schwerfällt, mich zu beherrschen. Das fehlt gerade noch: ein Soldat auf Wache, der schluchzt! Ich schlucke und mache ein möglichst unverfängliches Gesicht.

»Es hat dich also richtig erwischt«, meint Höfer. »Sag mal, deine Rose, ist die schwarz, rothaarig oder blond?«

»Rose ist blond! Sie hat die schönsten ...«

»Die Blonden halten, was die Schwarzen versprechen.«

»Was heißt das?«, frage ich.

»Mensch, du bist in allem so ahnungslos! Das ist 'ne alte Weisheit. Sag, was war beim zweiten Treff?«

»Rose und ich fuhren abends mit dem Zug von Prenzlau zurück. Es war spät. In einem Abteil war das Licht ausgefallen. In diesem Abteil saß natürlich niemand drin. Sie ging mit mir da rein. Andere bräuchten ja nicht mitzukriegen, was wir reden, hat sie gesagt.«

»Und da hast du sie endlich geküsst!«

»Bist du verrückt? Ich hab ihr nur was erzählt. Sie blieb stumm, die ganze Zeit. Ich wollte sie anfassen. Hab ich mich aber nicht getraut.«

»O Mann, Absi! So blöd möcht ich auch mal sein! Dir ist nicht zu helfen. Sitzt allein mit dem Traummädchen im dunklen Abteil und traust dich nichts. Vergiss es, für die bist du ein Versager!«

»Sag mir, was ich machen soll!«

»Schreib ihr einen Brief. Du schreibst doch so viel wie sonst kein Mensch bei uns auf Stube an deinem Tagebuch oder was immer das ist.« Höfer kommt in Fahrt: »Also kannst du doch wohl einen Brief schreiben! Vielleicht kannst du's ja noch retten? Schreib ihr, dass du an sie denkst, schreib ihr – jetzt hab ich's! Du schreibst ihr einfach, dass du glaubst, du hättest auf der Bahnfahrt nach – von wo war das gleich? Von Prenzlau? – also auf dieser Bahnfahrt eben was falsch gemacht. Und schreib ihr ...«

Von der Arnsfelder Straße nähert sich ein Fahrzeug. Wir

Garnisonsstadt Thorn

stellen uns vorschriftsmäßig rechts und links vom Eingang auf.

Höfer zischt mir zu: »Der Chef!«

Der Bataillonskommandeur und sein Adjutant kommen auf uns zu. Major von Tucher mit seinen Ehrfurcht gebietenden geflochtenen Schulterstücken ist ein schlanker Mann, nein, ein Herr, mit angegrauten Schläfen und hellgrauen Augen, denen nichts zu entgehen scheint. Ihm ist unsere Kompanie anvertraut. Wir fühlen uns in guten Händen.

Gerade vorgestern hatten wir geübt: »Gewehr präsentieren mit Gewehr am langen Riemen«. Von allen Exerzierübungen mit dem Karabiner ist das mit Abstand der eindrucksvollste Gewehrgriff. Das Gewehr schwingt zum Präsentieren von der rechten Schulter frei am langen Riemen im Halbkreis in die linke Hand, dann erfolgt der Präsentiergriff. Höfer und ich machen das simultan so, als ob wir es zusammen wochenlang geübt hätten.

Der Major geht zwischen uns durch, grüßt lässig zurück. Natürlich merkt er, dass wir den Gewehrriemen hätten kurz schnallen müssen. Er hält einen Augenblick inne und sieht uns beiden kurz in die Augen. Wir sind beeindruckt.

Das Geknatter der Maschinengewehre auf dem Schießstand hat plötzlich aufgehört. Wir werden zurückgerufen. Die drei Züge der Kompanie sind angetreten in Form eines offenen Vierecks. In der Mitte steht Oberleutnant Junkmann. Er erstattet dem Major Meldung.

Danach lautet das Kommando: »Gewehr ab!«

Einhundertfünzig Karabiner und Maschinengewehre werden auf den Punkt zur selben Zeit neben der rechten Fußspitze abgesetzt. Ein dumpfes »Klack« erschallt. Von den umstehenden Baracken wird ein eindrucksvolles Echo zurückgeworfen. Dann kommt das Kommando: »Rührt euch!«

Offenbar will der Major unserer Kompanie etwas sagen.

»Grenadiere der zweiten Kompanie!«, ruft der Major. »Übermorgen ist Ihre Grundausbildung beendet. Zur Gefechtsübung und zur Vereidigung kommt der Kommandierende General! Ich möchte, dass die zweite Kompanie gut abschneidet! Verstanden?«

»Jawoll, Herr Major!«, rufen einhundertfünfzig Mann.

Endlich. Wir haben lange auf diesen Augenblick gewartet. Nach der Vereidigung geht es nach Thorn[12] an der Weichsel. Zur Unteroffiziersausbildung.

---

12 Stadt in Polen, heute Toruń

Das Abendessen

»Absi, ich hab 'nen Mordshunger!«, sagt Gaida. »Bestell uns was zu essen!«

Gaida und ich sitzen in Ausgehuniform im Speisesaal des »Artushof« in Thorn. Die silbernen Balken auf unseren Schulterstücken zeigen, dass wir nunmehr auch förmlich Offiziersbewerber sind. Gaida sieht gut aus in seiner Uniform, zusammen mit seinen dunklen Augen und den schwarzbraunen Haaren, die wie immer ohne Scheitel nach hinten gekämmt sind, verleiht sie ihm etwas Verwegenes.

»Komm, Absi, mach voran!«, sagt er mit seiner leisen, immer etwas heiseren Stimme.

Ich kann mich nicht erinnern, jemals in einem so vornehmen Restaurant gesessen zu haben. Auch nicht in Berlin. Schon die imposante Treppe, die zum Speisesaal hinaufführt, lässt höchsten Luxus erwarten. Alle Wände in dunklem, edlem Holz, wahrscheinlich Mahagoni oder so was. Und oben erwartet einen ein Oberkellner im Frack!

Er führt uns zu einem wunderschön gedeckten Tisch. Mit aufgestellten weißen Servietten und Messerbänkchen. Und es gibt eine gedruckte Speisekarte mit mehreren Gerichten zur Auswahl. Der Oberkellner flüstert mir etwas ins

Ohr. Vor lauter Aufregung verstehe ich kein Wort. Ich beschließe, nicht zu fragen, was er mir gesagt hat.

»Du, wir bestellen uns, was es beim Kommiss nicht gibt«, antworte ich. »Feldküche haben wir jeden Tag. Jetzt wird geprasst!«

»Such du was aus. Ich versteh eh nichts von 'ner Speisekarte. Aber mach schnell, ich habe Hunger!«

»Langsam, langsam. Wir stellen uns ein ganzes Menü zusammen.«

»Ein was?«

»Ein Menü. So nennt man die Reihenfolge von Speisen bei einem förmlichen Essen.«

»Ob förmlich oder nicht, ist mir wurscht. Ich will was essen, was Gutes! Und viel!«

»Also, es geht los mit ›Kraftbrühe mit Markklößchen‹.«

»Nein, das ist bestimmt so 'ne wässrige Plörre. Das macht nicht satt!«

»Gaida, das ist doch nur die Vorspeise!«

»Und was kommt dann?«

»Dann gibt's etwas, was du niemals beim Kommiss kriegst: ›Russische Eier‹.«

»Klingt nicht gut. Vielleicht sind die faul. Faule Eier! Und weiter?«

»Dann kommt das Hauptgericht: Schmorbraten mit gemischtem Gemüse. Und danach Rote Grütze mit Vanillesoße!«

»Alles wunderschön. Aber du hast für all das bestimmt nicht genug Essenmarken. Und ich auch nicht.«

»Ich hab so viel Essenmarken wie noch nie. Meine Mutter hat mir welche geschickt und Tante Else auch. Und von Omi aus Stralsund hab ich auch welche. Du bist mein Gast!«

»Ich werd verrückt!«, flüstert Gaida bewundernd.

»Du hast es dir verdient. Schließlich bist du heute wiederauferstanden. Im Ernst! Das hätte bei dir echt ins Auge gehen können!«

Wir haben beide heute Nachmittag und Abend Sonderausgang bekommen. Oberleutnant Junkmann hat das angeordnet. Gaida hatte bei der Übung mit scharfen Handgranaten beim »Sprung in die Detonation« am besten abgeschnitten. Mit Abstand!

Bei dieser Nahkampfübung wird die Handgranate abgezogen und in Richtung des vermeintlichen Gegners geworfen. Während der Gegner Deckung sucht, springt man vor und schmeißt sich ganz kurz vor der Detonation selbst in Deckung. Gaida hatte sich in Sekundenbruchteilen vor der Zündung der Handgranate in Sicherheit gebracht. Unmittelbar nach der Detonation springt man in den Nahkampf. Auf dem Schießplatz sind da natürlich Pappkameraden.

Ich hatte beim Schießen mit dem Karabiner auf Scheibe, Entfernung zweihundert Meter, liegend freihändig und unter Gasmaske mit fünf Schuss achtundfünfzig von sechzig möglichen Ringen erreicht. Ein Traumergebnis! Viermal die Zwölf und einmal eine Zehn.

Wir beschlossen, uns in Ausgehuniform zu schmeißen und zur Feier des Tages ins erste Restaurant am Platz zu gehen. Das ist der »Artushof«.

»Mensch, in Thorn ist alles anders«, sagt Gaida.

Grenadier Gaida – wir haben uns alle schnell daran gewöhnt, dass beim Militär jeder nur mit seinem Nachnamen angeredet wird oder mit seinem Spitznamen – also Gaida,

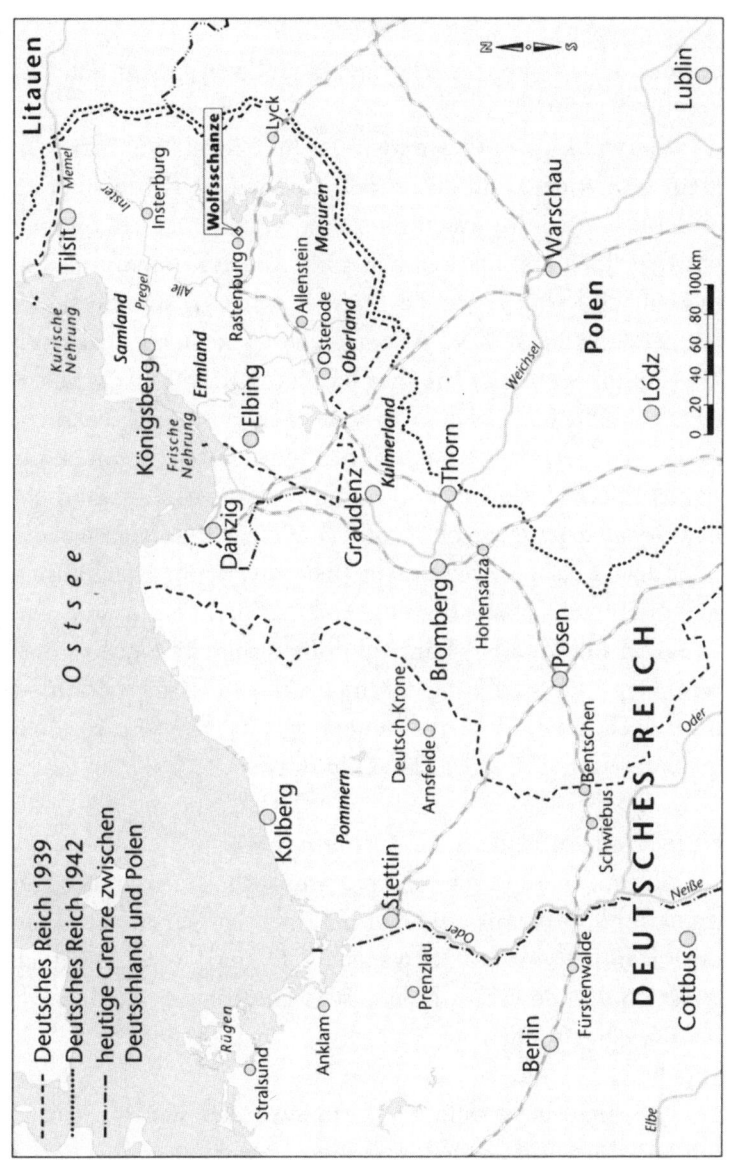

Ehemaliges West- und Ostpreußen, mit den eingezeichneten Grenzen von 1939 und 1942

clever und schlagfertig, kommt aus Schwerin. Sein Vater ist gefallen.

Wie wahr, dass alles anders ist in Thorn. Wir hatten in Deutsch Krone damit gerechnet, dass wir in Thorn zu einer anderen Einheit kommen und neue Vorgesetzte bekommen würden. Jetzt erst merken wir, dass unsere Kompanie schon in Deutsch Krone etwas Besonderes war. Wir sind eben diejenigen, die beim XX. Armeekorps zu aktiven Offizieren ausgebildet werden. Offenbar hat man mit uns etwas Spezielles vor. Das hat mir ja mein Vater gesagt: eine Eliteeinheit.

Bei der Versetzung nach Thorn wurde gesiebt. Nicht alle kamen hierher. Hier in Thorn wurde die Ausbildung erheblich verschärft. Deutsch Krone war ein Kinderspiel gegenüber dem, was hier abläuft: Jiu-Jitsu-Zweikampfausbildung, in voller Gefechtsausrüstung eine Schlucht an einem Seil hängend überqueren, Fünfzigkilometermärsche mit schwerem Gepäck, Stadtkampfübungen mit scharfer Munition und nächtliche Gefechtsübungen – darüber wurde nicht groß geredet, das war alles völlig normal.

»Die Kraftbrühe, ist die in Ordnung?«

»Ich meckere ja gar nicht«, grummelt Gaida und fragt mich dann unvermittelt: »Sag mal, bei der Gegenwartskunde bist du immer so schweigsam. Dabei kannst du doch sonst so wunderschön reden. Was glaubst du, werden wir den Krieg gewinnen?«

»Ja.«

»Sei nicht so einsilbig. Warum werden wir gewinnen? Ich will aber nicht hören, was dieser NS-Mensch aus Berlin immer erzählt!«

»Das Problem hat zwei Seiten«, erwidere ich, »Ostfront

34

und Westfront. Im Osten: Die Sowjets werden sich spätestens in Polen festfahren. Bis nach Thorn werden sie mit Sicherheit nicht durchkommen. Hier sind zum Beispiel wir. Das Grenadier-Regiment 572 wurde noch gar nicht eingesetzt. Du weißt, das liegt hier um die Ecke, in Weichselthal. Genauso wenig die Division ›Großdeutschland‹. Kannst du dir vorstellen, dass wir die Russen durchlassen?«

»Nee.«

»Na, also. Nur im Westen, da sieht es anders aus. Da sind die Amerikaner. Die machen das Gleiche wie im Ersten Weltkrieg. Die schießen mit einem Riesenaufwand an Material, mit Kanonen, Panzern und Bombern auf einem Streifen von zwanzig Kilometern alles kaputt, und wenn sich nichts mehr bewegt, dann spazieren ihre Infanteristen ganz lässig zwanzig Kilometer weiter. Dann kommt der nächste Streifen dran. Das ist eine Gefahr.«

»Und dann? Was ist das Rezept dagegen?«

»Das Rezept, das sind unsere Geheimwaffen. In Kürze gibt es die V 2! Und Messerschmitt mit der Me 262[13]! Die wird schneller sein als alle Flugzeuge der Welt! Alles wird in Kürze fertig. Und dann kommt der Ami auch nicht mehr weiter.«

»Glaubst du das?«

»Ich bin überzeugt davon.«

»Auch wenn wir nicht alle Scharfschützen werden mit Zielfernrohr?«

»Auch dann!«

»Mensch, Absi, ich wünschte, du behältst recht!«

---

13 Kampfflugzeug der Messerschmitt-Werke, eines der ersten Düsenflugzeuge der Welt

Mit den Scharfschützen bezog sich Gaida natürlich auf vorgestern. Vorgestern hatte mich der Teufel geritten. Ich kriege jetzt noch Herzklopfen, wenn ich daran denke, wie verwegen ich war:

Die Kompanie war vom Fort XV zur Gronau-Kaserne marschiert. Zum weltanschaulichen Unterricht. Da war wieder der Hauptmann aus Berlin. Er saß vorne auf einem Podium. Wir wussten schon vorher, was er sagen würde. In seinem Bericht zur Lage des Deutschen Reiches hörten wir all das, was ohnehin im »Völkischen Beobachter« stand und was Höfer uns immer erzählte: Dass uns die Amerikaner und Engländer an der Westfront und die Sowjets an der Ostfront näher gekommen waren; dass aber der Kampfeswille der Deutschen, auch an der Heimatfront, ungebrochen sei, dass alsbald neue Waffen zur Verfügung stünden und die deutsche Wehrmacht die beste Wehrmacht der Welt und unser Endsieg absolut sicher sei. Ja, wir würden die Sieger sein. Wir würden siegen, weil wir einen Führer haben. Adolf Hitler.

Die Tiraden des Hauptmanns dauerten etwa eine Stunde. Am Schluss fragte er wie immer: »Hat noch jemand eine Frage?«

Noch nie hatte jemand nach einer solchen Ansprache eine Frage gehabt.

Ich stand plötzlich auf und sagte: »Ich habe eine Frage, Herr Hauptmann.«

Alle drehten sich erschrocken nach mir um.

»Bitte, Grenadier ...« Er ließ sich meinen Namen zurufen. »Grenadier Absmagen!«

Gelächter. Mein Name wurde ihm erneut zugerufen.

»Grenadier Abshagen, bitte!«

»Herr Hauptmann«, rief ich. »Sie wissen, dass Sie bei uns bei einer Eliteeinheit sind. Wir wollen aktive Offiziere werden. Der Stand unserer Ausbildung ist hoch. Jeder von uns möchte seinen Beitrag zum Endsieg leisten! Warum fragen Sie nicht uns? Vielleicht gibt es bei uns Gedanken, die Sie in Berlin verwenden können.«

Entsetzen bei der ganzen Kompanie. Selbst Oberleutnant Junkmann war bleich geworden. Der Hauptmann nahm seine Lesebrille ab, putzte die Gläser, setzte sie auf, setzte sie dann wieder ab und sagte:

»Grenadier Abshagen. Ich danke Ihnen für Ihre Wortmeldung. Aber jetzt bitte konkret. Was ist Ihr Beitrag zum Endsieg?«

»Herr Hauptmann! Es gibt ein neues Zielfernrohr für den Karabiner 98 k. Ich habe es ausprobiert. Damit kann jeder Dorfdepp auf zweihundert Meter eine Briefmarke treffen. Jeder Grenadier ist damit ein Scharfschütze. Wir wissen genau, wo beim sowjetischen T 34 die Zieloptik ist. Ein Schuss, und der Panzer kann nicht mehr schießen! Die Sehschlitze vom T 34 haben keine Panzerverglasung. Sie sind so schmal wie eine Briefmarke. Auch da können wir treffen. Das Gleiche passiert, wenn wir an die sowjetische Artillerie nahe genug herankommen. Wenn wir alle diese Zielfernrohre hätten, dürften die Sowjets es schwer haben, weiter auf das Reich vorzustoßen. Sie würden einem ganzen Heer von Scharfschützen gegenüberstehen.«

Ich setzte mich wieder hin.

Lähmendes Schweigen. Für einen kurzen Moment gab es eine Blickverbindung zwischen Oberleutnant Junkmann und mir. Er nickte mir anerkennend zu.

Alle sahen den Hauptmann an.

Er sagte: »Das war ein guter Beitrag, Grenadier Absha-gen. Ich werde genau das tun, was Sie fordern. Ich werde in Berlin davon berichten. Und Sie, Herr Junkmann: Sie haben gute Jungs unter Ihrem Kommando. Ich hoffe allerdings«, meinte er plötzlich schmunzelnd, »es sind keine Dorfdep-pen dabei. Also: Weiter so!«

Er stand auf, hob seinen rechten Arm zum Deutschen Gruß und rief: »Heil Hitler, Soldaten!«

Alle brüllten »Heil Hitler, Herr Hauptmann!«, und da-mit rauschte er raus.

Ich war in Schweiß gebadet. Das hätte auch schiefgehen können. Nach dem Abgang des Hauptmanns herrschte zu-nächst ein undiszipliniertes Durcheinander. Alle bedrängten mich, schlugen mir anerkennend auf die Schulter.

Gaida rief: »Absi, das war irre! Ich glaube, Junkmann fand's auch gut.«

»Achtung!« Die Ordnung wurde durch den Ruf rasch wiederhergestellt. Wir traten den Rückmarsch ins Fort XV an.

Es freut mich, dass der immer hungrige Gaida Spaß an den »Russischen Eiern« hat. Nur die Sardellen pult er raus und lässt sie am Tellerrand liegen.

»Hast du mitgekriegt, dass unser Chef 'nen neuen Kübel-wagen hat?«, fragt Gaida. »Von Volkswagen. Motor hin-ten, ganz leicht und hochbeinig. Der fährt über jeden Morast einfach drüber! Ein klasse Auto!«

Ich gebe ihm recht. Doch bei dem Thema kommt mir gleich wieder meine große Niederlage zu Hause in den Sinn. Wann immer ich daran denke, werde ich wütend.

Was war passiert?

Zu Hause ist mein Vater zuständig für das Familieneinkommen, vor dem Krieg war er als Kaufmann tätig, jetzt ist er Offizier in der Abteilung Abwehr[14] beim Oberkommando der Wehrmacht (OKW)[15] am Tirpitzufer. Zurzeit ist er bei der Abwehr West mit Sitz in Paris. Sicher macht er alles gut.

Den Haushalt leitet Mami. Sie kümmert sich um unser Hausmädchen Anni, unsere Zugehfrau, Frau Philipp – Else Philipp, ich mag sie! –, die Kochfrau, Frau Binger, die Musiklehrerin Fräulein Spitzer und um die Näherin. Auf ihre stille Art hat meine Mutter alles im Griff.

Schwester Ilse, drei Jahre älter als ich, ist die große Überfliegerin. Das Abitur hat sie als Beste gemacht. Sie ist zuständig für gebildete Gespräche mit Väti. Meine Mutter und ich hören meistens nur ehrfürchtig zu.

Und wozu kann ich beitragen?

Ich verstehe viel von Autos! Nicht nur von Maybach und Horch, nein, von allen Autos. Als mein Vater ein Auto kaufen wollte, wurde ich natürlich gefragt. Es gab nur eine Antwort: Es musste ein Wanderer W 24 Cabriolet sein.

Und was tat mein Vater?

Väti kaufte einen Hanomag Garant mit Schiebedach! Schmal, hoch, altmodisch, unsportlich. Eine riesige Blamage für mich. Ich traute mich gar nicht, meinen Schulkameraden davon zu erzählen. Väti hatte das Auto angeblich gekauft, weil es mit einer Zentralschmierung ausgerüstet ist. Dabei kann jede Tankstelle die Radlager abschmieren!

---

14 Die Abteilung Abwehr war zuständig für Spionage und Sabotage im Feindesland und die Abwehr solcher Aktivitäten im eigenen Land.
15 Oberster militärischer Stab der Deutschen Wehrmacht unter Hitlers direktem Befehl

Zu den blamablen Vorgängen um das von mir ungeliebte Auto gehörte, dass mein Vater alle 2000 Kilometer anhielt, um die Zentralschmierung selbst durchzuführen. Jedes Mal erläuterte er dabei wortreich den technischen Fortschritt. Außerdem wurden für Väti, Mami, Ilse und mich weiße Autokappen gekauft. Bei offenem Schiebedach mussten wir sie uns über den Kopf ziehen. Wie peinlich! Damit sahen wir alle aus wie der Rennfahrer Bernd Rosemeyer – was zum offenen W 24 ja noch gepasst hätte, aber in der Hanomag-Limousine mit geöffnetem Schiebedach natürlich lächerlich aussah. Den Gedanken daran verdränge ich so schnell wie möglich!

Beim Schmorbraten mit gemischtem Gemüse habe ich den vornehmen Oberkellner im Frack um eine große Portion gebeten. Sie ist tatsächlich so geraten, dass sie locker für unsere ganze Stube im Fort XV gereicht hätte. O ja, dort unter der Erde in dem mittelalterlichen Festungsbauwerk, da sitzen jetzt unsere Kameraden und beneiden uns um das gute Essen.

»Absi, hab noch nie so toll gegessen wie jetzt. Nur Gerda müsste dabei sein.«

»Gerda?«

»Ihr habt's alle nicht gemerkt. Die Gerda vom Bäcker in Deutsch Krone. Sie ist meine Freundin. Wir haben uns immer heimlich getroffen. Jeden Tag schreiben wir uns.«

Ich bin sprachlos. Also so einer ist Gaida!

Die Gerda. Mit dem schwarzen Bubikopf und den langen Beinen. Meine Hochachtung!

»Schreibst du ihr, dass du sie liebst?«

»Na, klar. Alles, wovon wir träumen, schreiben wir uns.«

»Auch, dass du sie küssen willst?«

»Mensch, viel mehr. Echt alles!«

Mir fällt es wie Schuppen von den Augen. Höfer hat recht. Ich mache mit Rose alles falsch. Noch heute Nacht will ich versuchen, ihr zu schreiben. Aber ich kann nicht so rangehen wie Gaida. Wie mach ich das bloß?

Es wird der erste Liebesbrief meines Lebens sein.

Bei der Roten Grütze mit Vanillesoße kommen mir Zweifel, ob ich nicht doch die Schokoladenspeise hätte vorschlagen sollen. Wieder muss ich an zu Hause denken: die Schokoladenverteilung in unserer Familie. In den seltenen Fällen, da es eine Tafel Schokolade gab – Vollmilch-Nuss ist das Herrlichste auf der Welt! –, teilte Mami gerecht ein: einen Riegel für meine Schwester und einen für mich.

Dann folgte immer dasselbe Ritual: Ich schlang meinen Riegel hinunter. Anschließend verwandelte ich mich in einen Dackel und saß bettelnd Ilse zu Füßen. Ab und zu schaute ich unterwürfig zu ihr hoch. Ilses rundes Gesicht mit den glatt nach hinten gekämmten Haaren blieb undurchdringlich. Sie wirkte völlig unbeeindruckt. Ich blieb so lange sitzen, bis sie mir dann doch aus lauter Mitleid von ihrem Riegel die Hälfte abgab. Ich liebe Ilse dafür!

Gerade hat der aufmerksame Oberkellner ein zweites Mal formvollendet die Vanillesauce über unsere Rote Grütze gegossen, da wird hinter mir geräuschvoll die Tür zum Restaurant aufgerissen.

Gaida schnauft: »Höfer!«

Ich drehe mich um.

Höfer steht mit Stahlhelm und in Gefechtsausrüstung

im Restaurant. Der völlig verdatterte Oberkellner eilt auf ihn zu.

»Absi! Gaida!«, ruft Höfer, »Junkmann schickt mich. Nachtübung! Beginn in zwanzig Minuten!«

Die Wache

»Gewehr mit scharfer Munition geladen und gesichert!«, meldet der Obergefreite vom Gredanier-Regiment 572 dem wachhabenden Unteroffizier. Nachdem ich unter Aufsicht des Wachhabenden meine Waffe geladen habe, melde auch ich:

»Gewehr mit scharfer Munition geladen und gesichert!«

»Parole?«, fragt der Wachhabende.

»Weichselthal«, antworten wir wie aus einem Mund.

»Zur Wache abtreten!«

Wir machen eine vorschriftsmäßige Kehrtwendung und marschieren über den Vorhof des Forts XV, um die beiden Wachen an der Nordseite des Forts abzulösen.

Fort XV wird wie alle Militärunterkünfte von Soldaten bewacht. Auf diesen Wachen passiert praktisch nie etwas Aufregendes, sie sind sterbenslangweilig.

»Na, ihr Muttersöhnchen, wie schmeckt euch das Wacheschieben?«, fragt mich der Obergefreite, ein schlanker Kerl mit schlaksigem Gang, dessen Stahlhelm schief sitzt. Wir gehen über den Hof. Er ist ein alter Hase, sicher schon an die dreißig und mit Fronterfahrung, wie man an seinem Eisernen-Kreuz-Band erkennen kann.

Mein Gott, was hat sich alles verändert im Monat August! Jetzt haben wir angefangen, unsere Unterkünfte selbst zu bewachen. Bisher war das Grenadier-Regiment 572 dafür zuständig gewesen und wir dachten, das sei immer so bei Offiziersbewerber-Lehrgängen.

»Wieso?«, frage ich zurück. »Ich finde das völlig in Ordnung, dass wir uns um uns selbst kümmern!«

Auf dem Weg zu unserem Posten vor dem Fort unterhalten wir uns noch einen Augenblick. Dabei erfahre ich, dass die Mannschaften des GR 572 nicht so begeistert davon sind, für die Offiziersbewerber Wachdienst zu schieben, damit diese eine »friedensmäßige« Ausbildung genießen können. Sie finden, es sei an der Zeit, dass auch wir etwas vom wirklichen Leben mitbekommen.

»Vielen Dank, Herr Obergefreiter!«, rufe ich, als wir uns trennen, um die beiden Posten abzulösen.

»Dank wofür?«, ruft er zurück.

»Ich habe was gelernt!«, antworte ich.

Das Fort XV gehört zu einem Gürtel von mittelalterlich wirkenden Festungsanlagen, die vor etwa hundert Jahren in weitem Kreis um die Stadt Thorn herum gebaut worden sind. Fort XV liegt außerhalb der Stadt jenseits der Weichsel in Sichtweite des Bahnhofs. Rund um unser Fort verläuft ein Wassergraben und davor ein Wall, der allerdings die freie Sicht, das heißt, das Schussfeld, nicht beeinträchtigt. Ich klettere auf diesen Wall und sehe schon von Weitem meinen Posten. Es ist einer von uns, Krause aus meiner Stube. Der strohblonde Krause mit dem Hindenburghaarschnitt.

Reine Formsache, dass er mir »Parole?« zuruft und ich »Weichselthal!« antworte.

»Keine besonderen Vorkommnisse!«, meldet er.

Dann: »Sag mal, Absi, die Wache achtzehn bis vierundzwanzig Uhr ist die unbeliebteste. Warum meldest du dich immer dafür?«

»Ich bin abends gern ein bisschen für mich«, antworte ich.

»Aber abends dürfen wir doch manchmal ausgehen!«, wundert sich Krause.

»Bald bin ich wieder dabei«, weiche ich aus.

Krause schüttelt den Kopf und lässt mich allein.

Abends nach Dienstschluss können wir auf unserer Stube auch mal ein privates Wort wechseln und über das sprechen, was uns wirklich bewegt, oder schwimmen gehen in der Weichsel.

»Warum machen wir eigentlich all das hier?«, fragte neulich abends Gaida. Bandow, der Dicke, war wieder mit seinem Koppel beschäftigt. Ich hatte das Schloss meines Karabiners zerlegt.

»Blöde Frage«, antwortete der Dicke, »weil wir im Krieg sind.«

»Nein, ich meine, da muss es doch noch einen Sinn geben. Wären wir hier auch ohne Krieg?«

»Wir wollen aktive Offiziere werden«, mischte sich Höfer ein, »das ist unabhängig von Krieg oder Frieden. Wir wollen unser Land beschützen!«

»Mensch, hör doch auf mit deinen vaterländischen Sprüchen«, ging Krause dazwischen, »die sind gut im Unterricht bei diesen NS-Menschen aus Berlin, aber doch nicht hier bei uns auf Stube! Ich versteh Gaida sehr wohl. Seine Frage geht doch tiefer. Was ist unser – wie nennt man das, die Gründe, warum man etwas macht? –, unser Motiv?«

»Mein Motiv ist ganz einfach«, warf Malbrang ein, »ich will ein hübsches Mädchen kennenlernen!«

Befreiendes Gelächter. Ich war mir sicher, jetzt kommt Höfer wieder mit seinem »Also«. Und natürlich kam es:

»Also, wir kommen jetzt auf ein höheres Niveau. Philosophie! Die Mutter aller Wissenschaften! Wer von uns hat auf seinem Nachttisch ein Buch von einem Philosophen? Das ist Absi. Absi ist jetzt dran!«

Wohl oder übel musste ich jetzt etwas dazu sagen: »Malbrang hat im Kern recht. Dass wir dauernd junge Mädchen im Kopf haben, ist doch klar. Geht mir ja auch so. Gaidas Frage verstehe ich so: Ich glaube, was uns am

Mit meinen Kameraden auf dem Kasernengelände in Deutsch Krone; oben (von links nach rechts): Gaida, Masuch, Höfer; Mitte: Krause, Albrecht, Abshagen, unbekannt; unten: Strehlow, Malbrang, Bandow

meisten antreibt, ist Abenteuerlust. Aber vielleicht wissen wir nicht wirklich, worauf wir uns eingelassen haben ...«

»Absi schießt immer über das Ziel hinaus!«, sagte Höfer ganz rasch.

Ich richtete meine Aufmerksamkeit jetzt wieder auf meinen Karabiner und verzichtete auf einen Kommentar.

Überhaupt meide ich neuerdings die abendlichen Aussprachen mit meinen Kameraden. Ich muss erst mit mir ins Reine kommen. Es ist in den letzten zwei Monaten zu viel geschehen. Ich muss meine Gedanken sortieren.

Da ist dieser 20. Juli gewesen. Ein Donnerstag. Am Freitag hörten wir abends im Radio, auf den Führer sei ein Attentat verübt worden. Mit einer Mine! Die explodierte im Führerhauptquartier, in der Wolfsschanze[16]. Gewissenlose Offiziere wollten die Macht an sich reißen und Deutschland seinen Feinden ausliefern! Unvorstellbar!

Gott sei Dank hat Hitler überlebt.

Offen gestanden interessiert mich nicht so sehr, was die da oben in der Wolfsschanze und in Berlin alles machen. Unser Dienst mit Gefechtsübungen tagsüber und oft auch nachts lässt mir gar keine Zeit, über irgendetwas anderes tiefer nachzudenken. Was mich am meisten interessiert, sind: das tägliche Essen aus unserer Feldküche, der tägliche Postempfang, hoffentlich mit Essenmarken von zu Hause, und natürlich das Thema Nummer eins: Frauen!

Aber dann kam kurz nach dem Attentat eine beunruhigende Nachricht übers Radio: Ein Zentrum des Widerstandes gegen den Führer, das jetzt erbarmungslos zerschlagen

---

16 Hauptquartier Adolf Hitlers in Ostpreußen

werde, läge in der Abteilung Abwehr des Oberkommandos der Wehrmacht. Dort arbeitet mein Vater.

Abends auf Stube fragte Höfer:

»Absi, sag mal, dein Vater ist doch bei der Abwehr. Ist er nicht in Paris?«

»Ja, wieso?«

»Und vorher war er jahrelang im OKW in Berlin bei Admiral Canaris, stimmt's?«

»Ja, und?«

»Wer war in Berlin sein unmittelbarer Vorgesetzter?«

»Das war Oberst Freytag-Loringhoven. Aber warum fragst du?«

»Hier, lies das mal!«

Höfer gab mir den »Völkischen Beobachter«: »Lies gleich auf der Titelseite!«

Da stand, der Verräter Freytag-Loringhoven habe sich nach dem gescheiterten Attentat auf den Führer das Leben genommen!

Mir wurde schwindlig.

Es ist gar nicht lange her, da musste ich zu Hause beim Abendessen darauf achten, dass der Oberst sich in unser Gästebuch eintrug.

Bei uns zu Hause steht auf dem Nachttisch meines Vaters ein Geheimtelefon. Wenn es klingelt, darf keiner von uns rangehen, nur er. Es ist ein Direkttelefon zur Abwehr.

Neulich ging ich ins elterliche Schlafzimmer und klopfte vorher nicht an. Ich dachte, niemand sei drin.

Mein Vater telefonierte gerade. Er beendete schnell sein Gespräch und sagte: »Hans Ulrich, das nächste Mal klopf bitte vorher an.«

Väti saß auf der Bettkante in einer langen Unterhose. So hatte ich ihn noch nie gesehen. Ich kannte Väti nur in Uniform oder im Anzug mit Weste und Schlips. Ich setzte mich neben ihn und rückte dicht an ihn heran.

»Ab jetzt klopfe ich immer an«, versprach ich, »Bestimmt! Väti, du kannst dich auf mich verlassen.«

Ich fühlte mich geborgen.

Plötzlich schießt mir noch ein Bild durch den Kopf:

Wann immer ich zu Hause begeistert von meinen Erlebnissen im Deutschen Jungvolk erzählt hatte – davon, dass ich als Erster meines Jahrgangs Jungzugführer wurde und fünfzig Jungen anführte, dass ich den mir anvertrauten drei Jungenschaften[17] Wimpel verliehen und mir Namen und Wimpel selbst ausgedacht hatte, mir immer wieder etwas Neues für meine Jungenschaften einfallen ließ, Versteckspiele, Schnitzeljagden, Stafettenläufe – oder wenn ich erzählte, dass wir eine Rede des Führers im Radio gehört hatten, blieb mein Vater stumm. Hatte das etwas zu bedeuten? Hatte er vielleicht doch mit dem Attentat …?

Nein, ich wage so etwas Unsinniges gar nicht zu denken. Natürlich kann er nichts damit zu tun haben, er hat doch den Eid auf den Führer geschworen. Väti ist ja auch gar nicht in Berlin, er ist seit Wochen in Paris bei der Abwehr West, also kann er mit dem Attentat in keiner Weise etwas zu tun haben.

Jetzt, wo es auf einmal möglich scheint, dass Väti in Gefahr ist, sehe ich die Beziehung zwischen ihm und mir mit neuen Augen. Väti hat mich schon als Kind immer wie ei-

---

17 Einheit des Deutschen Jungvolks (etwa 15 Jungen)

nen Erwachsenen behandelt. Er hat nie gesagt »Lass das sein!«, sondern immer: »Wenn ich an deiner Stelle wäre, würde ich das nicht tun!«

Dadurch wurde ich viel schneller selbstständig als meine Klassenkameraden. Väti hat mir immer alles erklärt, so, dass ich es auch verstand. Und er hat mir immer vertraut. Schon als Neunjähriger durfte ich eine lange Reise im Zug von Berlin nach Binz alleine machen. Und die Fahrt mit dem Trajekt[18] von Stralsund nach Altefähr auf Rügen ohne Begleitung eines Erwachsenen! Bei meinen Mitschülern wäre das undenkbar gewesen. Nie zuvor ist mir die Bedeutung meines Vaters für mein Leben so klar geworden.

Natürlich gab es auch mal Krach. Einmal sogar einen Riesenkrach. Wegen des häufigen Fliegeralarms in Berlin hatten mich meine Eltern für einige Zeit nach Garmisch geschickt, wo ich mit anderen Jugendlichen in einer Pension untergebracht war und weiter zur Schule ging. Von dort hatte ich Väti einen langen Brief geschrieben. Er möge mich in der Schule vom Lateinunterricht befreien lassen. Kein Mensch brauche heutzutage Latein, eine unnütze, tote Sprache. Selbst wenn ich mich mit dem Papst unterhalten wollte, bräuchte ich kein Latein dafür. Latein diene nur dazu, uns Schüler zu schikanieren. Ich könnte doch stattdessen Französisch lernen oder, besser noch, mehr Sportunterricht haben. Diesen Brief hat mein Vater seinen Freunden vorgelesen. Die lagen am Boden vor Lachen. Das fand ich hundsgemein von Väti. Habe ich ihm auch gesagt!

Was würde mein Vater wohl zu den vielen Veränderungen in Thorn sagen?

---

18 Spezialschiff zum Transport von Eisenbahnwaggons im Fährverkehr

In den Straßen sind neuerdings Plakate geklebt, die in Berlin seit Langem zum Stadtbild gehören: »Deutsche! Kauft nicht bei Juden!«

Väti reagierte einmal ganz ärgerlich, als ich meinte, ich verstünde nicht, dass man gute Waren nicht kaufen sollte, wenn sie in jüdischen Geschäften zu haben seien.

»Hans Ulrich! Beim Abendessen bitte keine Politik! Hast du mich verstanden?«

Schweigen am Abendbrottisch. Auch Ilse, die sonst immer das letzte Wort hat, sagte nichts.

Neuerdings gibt es zweimal wöchentlich politischen Unterricht. Nur Propaganda. Wenn früher ein Wisch mit politischem Inhalt aus Berlin kam, hat Oberleutnant Junkmann ihn zerknüllt, und ab in den Papierkorb. Jetzt landet die nationalsozialistische Propaganda nicht mehr im Papierkorb, sondern wird am Schwarzen Brett ausgehängt, und es gibt immer mehr Schulungen mit Offizieren, die extra aus Berlin angereist kommen. Sie heißen »nationalsozialistische Führungsoffiziere« und belehren uns über den sicheren Endsieg und über die Reichsregierung, die in allem immer recht hat.

Besonders betroffen sind wir aber durch den Befehl des Oberkommandos der Wehrmacht: Der militärische Gruß durch Anlegen der rechten Hand an die Kopfbedeckung ist ab sofort abgeschafft! Er wird ersetzt durch den Hitlergruß, den »Deutschen Gruß«. In der neuen Dienstvorschrift heißt es, dass diese Ehrenbezeigung ausschließlich mit gestrecktem rechtem Arm – nicht mit angewinkeltem Arm – durchgeführt wird. Die flache Hand muss mit dem Handrücken nach oben Scheitelhöhe erreichen, der Daumen darf dabei nicht abgespreizt werden. Damit entfällt auch der Unterschied im Grüßen zwischen Offizieren und Soldaten. Wenn ein Feldwebel oder Soldat einem Offizier etwas meldet, macht er die Ehrenbezeigung kurz und zackig, bevor er spricht. Wenn ein Offizier etwas meldet, bleibt seine Hand während der Meldung an der Kopfbedeckung. Beim »Deutschen Gruß« unterbleibt natürlich dieser feine Unterschied.

Die Lage an Ost- und Westfront hat sich im August dramatisch verändert. Die Amis dringen in Frankreich weiter vor, und die Russen stehen inzwischen vor Warschau. Trotzdem bleibe ich bei meiner Einschätzung. Wer die Geschichte Preußens studiert hat, weiß, wie wir damit fertig werden: Niemand wird das Reichsgebiet antasten können!

Aber was für uns viel schlimmer als alles andere ist: Obgleich die meisten von uns noch nicht achtzehn Jahre alt sind, wurde die Zusatzverpflegung »unter achtzehn« für alle gestrichen.

Die Zusatzverpflegung wurde gestrichen! Das ist ungerecht! Eine Riesensauerei! Wenn ich demnächst als ZvD – Zugführer vom Dienst – eingeteilt bin, werde ich kommandieren: »Alle unter achtzehn vortreten!«

Mal sehen, was unser Spieß[19], Oberfeldwebel Aust, dann zum Thema Zusatzverpflegung sagt.

Ich habe mir für die heutige Wache vorgenommen, an Rose zu denken, mir auszumalen ...

Plötzlich höre ich hinter mir ein Knacken im Unterholz. Ich verharre in meiner Position, entsichere aber meine Waffe. Mit schussbereitem Gewehr drehe ich mich langsam um.

---

19 Kompanie-Feldwebel

»Dein Gewehr kannste wieder sichern«, sagt der vom GR 572, der zweite Wachposten. »Sag mal, haste gepennt? Haben die angehenden Herren Offiziere keine Ahnung, was Wache heißt?«

»Sie haben recht, Herr Obergefreiter, ich war für einen Augenblick nicht ganz aufmerksam. Wir haben übrigens beide nicht drauf geachtet, dass wir Blickverbindung halten sollten.«

»Seid ihr Offiziersbewerber immer so förmlich? Bald sind die Russen hier! Dann ist's aus mit den Förmlichkeiten!«

»Die Russen werden das Reichsgebiet nie erreichen!«, erwidere ich. »Dafür sorgen wir, dafür sorgt ihr vom GR 572 und viele andere. Übrigens: Quatschen auf Wache ist verboten!«

Er geht zurück, wir halten aber Blickverbindung und geben uns ab und zu durch Zeichen zu verstehen, dass nichts los ist – wie immer auf Wache. Als die Dämmerung hereinbricht, erscheint es mir völlig unwahrscheinlich, dass sich noch irgendetwas Besonderes ereignen könnte.

Von meinem Posten aus kann ich in der Ferne hinter der Gronau-Kaserne den Bahnhof von Thorn sehen und das Rangieren der Züge hören. Als es dunkel wird, sind wegen der Verdunkelung[20] natürlich keine Lichter zu sehen, aber die Geräusche werden deutlicher. Es ist sternenklar. Die Straße vom Bahnhof zum Fort liegt genau in meinem Blickfeld.

Jetzt kann ich endlich meinen Gedanken an Rose nachhängen. Es ist immer die gleiche Abfolge. Ich spiele noch einmal die Szene unserer Bahnfahrt von Prenzlau durch. In

---

20 Abdunkelung der Straßen- und Hausbeleuchtungen, um feindlichen Fliegern nachts die Orientierung zu erschweren

meiner Fantasie sitze ich nicht wie ein Tölpel im dunklen Abteil ihr gegenüber, nein, ich setze mich dicht neben sie und ergreife ganz selbstverständlich ihre Hand. Ich umschließe ihre Finger mit meiner Hand und spüre, dass sie diese Berührung genießt wie ich. Wir schweigen beide und empfinden die körperliche Nähe. Unsere Fingerspitzen beginnen einander zu ertasten. Mir läuft ein Schauer über den Rücken. Ich wende ihr meinen Kopf zu, ich spüre ihren Atem, und ihre Haare berühren mein Gesicht ...

Ein kurzer Pfiff mit der Trillerpfeife reißt mich aus meinem Traum. Das ist der Obergefreite. Unsere Trillerpfeife dürfen wir auf Wache nur benutzen, um unseren Wachkameraden auf etwas Unvorhergesehenes aufmerksam zu machen. Mit abgeblendeter Taschenlampe kommt jemand direkt auf mich zu. Ich halte meine Waffe in Bereitschaft, den Daumen am Sicherungsflügel. Gerade will ich »Stehen bleiben oder ich schieße!« rufen, als der Ankömmling seine Taschenlampe auf sein eigenes Gesicht richtet: Oberleutnant Junkmann!

Das hat es noch nie gegeben. Noch nie hat mir jemand erzählt, dass der Kompanieführer einzelne Posten während des Wachdienstes aufsucht.

Ich nehme stramme Haltung an und melde: »Grenadier Abshagen auf Wache. Keine besonderen Vorkommnisse!«

Dabei habe ich vor lauter Aufregung die alte Ehrenbezeigung durch Anlegen der rechten Hand an den Stahlhelm gemacht, anstatt mit dem Hitlergruß zu melden. Oberleutnant Junkmann antwortet schmunzelnd mit dem gleichen alten Soldatengruß.

»Abshagen, stehen Sie bequem! Ich habe eine Nachricht für Sie, eine schlechte.«

»Herr Oberleutnant?«

»Seien Sie jetzt bitte nicht förmlich, Abshagen. Es ist etwas Privates.«

»Jawoll, ja, Herr Oberleutnant.«

»Ihr Vater, das ist doch Major Abshagen im OKW, Wolfgang Abshagen?«

»Jawoll, ja.«

»In der Abteilung Abwehr unter Admiral Canaris?«

»Ja, das ist er. Er ist aber zurzeit nicht in Berlin. Er leitet die Abwehr West. Sein Sitz ist Paris.«

»Ihr Vater wurde von der SS verhaftet. Wegen des Verdachts, Sie wissen schon: Attentat auf den Führer am 20. Juli. Er ist in Berlin im Gefängnis, in Moabit. Major von Tucher hat das aus Berlin gehört. Er weiß, dass Abshagens Sohn in meiner Kompanie dient.«

»O Gott!« Mir wird schwindlig. »Meine Mutter!«

»Rufen Sie morgen Ihre Mutter an. Vielleicht sucht sie Ihren Vater. Aber nicht über unsere Leitungen! Das ist keine Angelegenheit der Wehrmacht. Deuten Sie das, was ich gesagt habe, nur an. Nennen Sie keine Quelle! Es kann ja auch alles falsch sein. Vielleicht nur ein Gerücht. Also vertraulich zwischen Ihnen und mir. Klar?«

»Jawoll, Herr Oberleutnant.«

Oberleutnant Junkmann dreht sich um, geht ein paar Schritte und kommt plötzlich wieder zurück. Er tritt nahe an mich heran, ergreift meine Hand und hält sie einen Augenblick fest.

»Abshagen, wenn Sie Probleme bekommen, wenn Sie bedrängt werden, dann kommen Sie sofort zu mir. Auch außerhalb der Dienstzeit, auch nachts! Klar?«

»Jawoll, Herr Oberleutnant!«

Besuch im Gefängnis Moabit

Bahnhof Berlin-Charlottenburg, Fernbahnsteig. Es ist Sonnabend, der 16. September 1944, morgens früh um sechs Uhr dreißig. Wegen der vielen Luftangriffe wird in Berlin viel peinlicher als in Thorn auf die Verdunkelung der ganzen Stadt geachtet. Die Menschen auf dem Bahnsteig sind zwar zu hören, aber kaum zu sehen. Manchmal rempele ich jemanden an. Erstaunlicherweise herrscht kein Gedränge. Der Zug DmW 11 (D-Zug mit Wehrmachtsteil) nach Thorn ist auf Gleis eins schon bereitgestellt. Ein Wunder: Teile Berlins liegen in Trümmern, eine Folge der Bombardierungen nachts durch die Engländer und neuerdings auch am Tage durch die Amerikaner, aber die Reichsbahn funktioniert, als hätte sie mit alledem nichts zu tun.

Ich gehe langsam am Zug entlang, bis ich die beiden Feldjäger, wie neuerdings die Feldgendarmen genannt werden, entdecke. Selbst bei Dunkelheit kann man die silbern blinkenden Brustplaketten von der Größe zweier Bierdeckel nicht übersehen. Im Dienst müssen die Feldjäger sie immer tragen. Ich kenne keinen Soldaten, der bei Reisen mit der Reichsbahn nicht von Feldjägern kontrolliert wurde. Meist vermeidet man, den Kontrolleuren in die Arme zu laufen.

Ich gehe direkt auf sie zu. Nach einem kurzen, immer noch ungewohnten Hitlergruß sage ich:

»Herr Unteroffizier! Mein Kompanieführer hat mir befohlen, mich bei Ihnen zu melden!«

Eine abgeblendete Taschenlampe wird in mein Gesicht gehalten. Aus dem Dunkeln kommt eine sympathische Stimme:

»Ja, und?«

Ich fahre fort: »In diesem Päckchen habe ich empfindliche Zielvorrichtungen. Vom Heereswaffenamt. Für unsere Kompanie in Thorn. Ich suche einen Platz, wo den Geräten nichts passieren kann.«

Die Taschenlampe blitzt erneut auf.

»Wie alt sind Sie?«, fragt die Stimme.

»Siebzehn Jahre, Herr Unteroffizier.«

Die beiden Feldjäger flüstern miteinander. Dann:

»Sie kommen in unser Dienstabteil! Erster Waggon nach der Lok. Noch vor dem Zweite-Klasse-Waggon für die Offiziere. Wo Dienstabteil dran steht, da gehen Sie rein. Klar?«

»Jawoll, Herr Unteroffizier! Vielen Dank!«

Ich wusste, dass ich auf diese Weise einen guten Sitzplatz bekommen würde. Meistens werde ich sogar allein im Dienstabteil sitzen. Da kann ich dann ungestört nachdenken über das, was die letzten beiden Tage in Berlin passiert ist.

Es hat sich alles überstürzt und ich verstehe nichts mehr. Warum muss ich eigentlich Hintergründe kennen? Warum muss ich von Politik etwas wissen? Warum darf ich nicht einfach nur das sein, was ich sein will: ein guter Soldat, der treu sein Vaterland beschützt?

Ich bin völlig verwirrt. Werde ich jetzt ein doppelzüngiger Mensch? Einer, der nicht mehr sagt, was er denkt? Also ein Lügner? Muss ich in Zukunft lügen?

Ich will Ordnung in meine Gedanken bringen, eine Bestandsaufnahme machen. Ich muss mir noch mal vor Augen führen, was eigentlich in den letzten Tagen abgelaufen ist.

»Versuch, deinen Vater zu sehen!«, war Höfer in mich gedrungen. »Junkmann hat dir doch gesagt, wie du's machen sollst. Du musst das spielen, was du hier nie bist: ein ganz strammer Hitlerjunge.«

»Mensch, ja. Ich hab 'nen Riesenbammel!«

Ich spürte, mein Vater brauchte mich. Immer wollte ich so sein wie Väti. Jetzt brauchte er mich. Ich wollte alles für ihn tun. Alles.

Das Telefongespräch mit meiner Mutter hatte mich erschüttert. Ich war über die Thorner Weichselbrücke in die Stadt zur Post gegangen und musste kaum warten. Die Beamtin hatte unsere Telefonnummer G 3 60 25 notiert, und das Fernamt hatte umgehend mit Berlin verbunden. Mir war klar, dass das Gespräch, wie alle Telefongespräche, aus Gründen der Spionageabwehr mitgehört wurde.

»Hallo, Mami, ich bin's!«

»Hans Ulrich!« Mamis Stimme klang ganz anders. Nicht so fröhlich wie sonst.

»Mami, ich habe hier von einem Besucher aus Berlin gehört, dass Väti nicht mehr in Paris ist. Er sagte, Väti ist wieder in Berlin.«

»Ich wollte dir schon längst sagen, unser Väti …« Meine Mutter sprach nicht weiter. Sie weinte.

»Mami, sprich nicht weiter. Ich weiß Bescheid. Grüß Väti von mir.« Es entstand eine Pause. Wir beide wussten, dass sie diesen Gruß nicht ausrichten konnte. Mami legte auf. »Wurde Ihre Verbindung unterbrochen?«, fragte die Beamtin.

»Nein. Mein Gespräch war so kurz«, sagte ich.

Ich bezahlte und lief raus.

Das ist erst zwei Tage her. Aber seitdem hat sich die Welt verändert!

Vorgestern früh in Thorn beim Appell im Fort XV wurde ich zum Spieß, Oberfeldwebel Aust, beordert. In die Schreibstube.

»Grenadier Abshagen!«

»Herr Oberfeld?«

»Sie fahren heute Mittag nach Berlin!«

»Sie meinen…«

»Der beste Gewehrschütze! Das sind Sie doch?«

»Jawoll, Herr Oberfeld!«

»Hier ist Ihr Marschbefehl!«

Er reichte mir den begehrten weißen DIN-A5-Zettel mit dem hellblauen Streifen von links unten nach rechts oben. Ich wurde nach Berlin geschickt. Und das zu einer Zeit, wo kein Mensch nach Hause fahren durfte!

»Heereswaffenamt«, sagte Aust weiter, »das ist in Berlin. Am Bahnhof Zoo. Zwei Zielfernrohre abholen. Noch bessere als das, was Sie ausprobiert haben. Was für Scharfschützen. Also was für Sie. Verstanden?«

»Jawoll, Herr Oberfeld!«

»Sowie Sie zurück sind, melden Sie sich bei mir! Und jetzt – Herr Oberleutnant Junkmann will Sie sehen. Abtreten!«

Eine Minute später saß ich Oberleutnant Junkmann gegenüber. Vorschriftsmäßig hatte ich beim Hinsetzen meine Dienstmütze abgenommen.

»Herr Oberfeldwebel Aust hat vorgeschlagen, dass der beste Gewehrschütze für uns zwei der neuen Zielvorrichtungen aus Berlin besorgt«, sagte Junkmann. »Sie haben den Marschbefehl erhalten?«

»Jawoll, Herr Oberleutnant!«

»Vielleicht wollen Sie versuchen, Ihren Vater zu sehen?«

»Ja, wenn's geht. Ich will es versuchen.«

»Es ist sehr unwahrscheinlich, dass Sie das schaffen. Sie wissen, es gibt nur einen Menschen auf der Welt, der Ihnen einen Besuch im Gefängnis genehmigen kann: SS-Obergruppenführer Müller im Reichssicherheitshauptamt[21] in der Prinz-Albrecht-Straße!«

»Das wusste ich nicht, Herr Oberleutnant.«

»Es steht im ›Völkischen Beobachter‹! Der Chef der Gestapo[22] hat die alleinige Befugnis, die Ermittlungen bezüglich des Attentats zu führen.«

»Ich lese nicht den ›Völkischen Beobachter‹, Herr Oberleutnant.«

»Abshagen! Jetzt werde ich ärgerlich. Diese Information haben Sie nicht von mir. Sie haben sie im ›Völkischen Beobachter‹ gelesen! Das Blatt liegt in der Schreibstube aus. Ist das klar?«

»Jawoll, Herr Oberleutnant. Ich habe das im ›Völkischen Beobachter‹ gelesen!«

---

21 Hauptverwaltung der SS und der Gestapo in Berlin
22 Abkürzung für Geheime Staatspolizei

»Übrigens, Abshagen, ich möchte Ihnen noch zwei Empfehlungen geben!«

»Ja?«

»Erstens: Wie ist die förmliche Anrede bei einem Obergruppenführer und General der Waffen-SS?«

»Die Anrede ist ›Herr Obergruppenführer!‹«

»Das ist richtig. Die SS-Gruppenführer haben es aber ganz gerne, wenn sie von Wehrmachtsangehörigen irrtümlich mit ›Herr General‹ angeredet werden. Und zweitens: Reisen Sie in Ausgehuniform! Also, Abshagen, gute Reise!«

»Danke, Herr Oberleutnant!« Mit einer zackigen Ehrenbezeigung verließ ich das Dienstzimmer des Kompanieführers.

Das war vor zwei Tagen. Jetzt hat sich der Zug nach Thorn auf die Minute um sieben Uhr drei in Bewegung gesetzt. Ich bin immer noch allein im Dienstabteil der Feldjäger. Sicher kontrollieren die jetzt den Zug. Der Zug fährt mitten durch die halb zerstörte Stadt. Eben sehe ich trotz der Dunkelheit den Flakturm am Zoo. Ein gigantisches Bauwerk. Auf der anderen Seite des Bahnhofs war ich gestern. Ja, gestern. Den Tag werde ich sicher nie vergessen, auch wenn ich hundert Jahre alt werden sollte.

Ich will noch mal alles aneinanderreihen. Was gestern passierte, kann nicht alles Zufall gewesen sein. Da muss es doch Zusammenhänge geben, irgendetwas, was ich nicht weiß!

Vorgestern Morgen hatte ich den Reisebefehl erhalten, und schon abends holte mich Ilse vom Bahnhof Charlottenburg ab. Auf der Fahrt mit der S-Bahn nach Westend erfuhr ich von ihr, was zu Hause los war. Meine Mutter versuchte jeden Tag, Väti im Gefängnis zu sehen. Manchmal kriegte sie Sprecherlaubnis, meistens nicht. Ansonsten saß sie ängstlich am Telefon und am Radio, um keine Nachricht zu verpassen.

Der Abend vorgestern zu Hause in Westend mit Mami und Ilse ist mir kaum mehr im Gedächtnis. Denn das, was gestern passiert ist, verdrängt alles andere. Eins weiß ich genau: Dieser Tag, Freitag, der 15. September 1944, hat mein Leben verändert!

Um Punkt acht Uhr am Morgen dieses Tages hatte ich das Heereswaffenamt in der Jebenstraße eins am Bahnhof Zoo betreten. Ich wies meinen Marschbefehl vor und übergab dem zuständigen Beamten die Bestellung über zwei neue Zielfernrohre für den Karabiner 98 k. Ich fand es fast enttäuschend, dass ich nicht Rede und Antwort stehen musste. Im Nu erhielt ich die beiden Zielgeräte, gut eingepackt. Der Gefreite, der mir das Päckchen übergab, sagte mir, dass ich das nächste Mal nicht nach Berlin kommen sollte. Die Außenstelle des Waffenamtes in Breslau sei gut ausgerüstet. Ich nahm mir vor, diese Auskunft für mich zu behalten. Innerhalb von zehn Minuten stand ich wieder draußen.

Eine Stunde später war ich zurück bei meiner Mutter in der Eschenallee achtzehn in Westend und deponierte dort mein Päckchen. Mami hatte mir den Militärmantel meines gefallenen Vetters Kurd herausgelegt. Er war Oberleutnant gewesen. Den Mantel, im Ton etwas heller als das normale Feldgrau, hatte er sich bei Schneider Seekt in der Friedrichstraße machen lassen. Seekt hatte gesagt, Vetter Kurd habe die schmalste Taille, die er je bei einem Mann verarbeitet hätte. Ich musste die Luft anhalten, um das gute Stück zu-

Mutter Abshagen und Sohn, Juli 1944

knöpfen zu können. Meine Mutter hatte den Mantel inzwischen mit meinen Mannschaftsschulterstücken versehen. Natürlich durften die silbernen Balken nicht fehlen, die mich als Offiziersbewerber ausweisen.

In der »Berliner Illustrirten Zeitung« habe ich mal eine Reklame der Wehrmacht mit dem Foto eines Soldaten gesehen und darunter stand: »Melde dich freiwillig!« Mit dem Mantel von Vetter Kurd könnte ich jetzt auch für solch ein Foto posieren.

Meine Mutter drückte mich fest an sich, als ich losging. Sie sah mich ängstlich an.

»Hast du's dir auch wirklich überlegt?«

Ich ging in die Prinz-Albrecht-Straße. Zur Gestapo.

Mir war klar: Wenn ich meinen Vater sehen wollte, dann musste ich jetzt einen ganz strammen Hitlerjungen spielen. Hoffentlich würde mich keiner fragen, ob ich Hitlers »Mein Kampf« gelesen hätte!

Dabei fiel mir auf, dass ich keinen Menschen kenne, der das Buch gelesen hat. Doch, vielleicht Höfer. Also, ich sollte sagen, dass ich ein guter Offizier werden will. Da brauchte ich nicht zu lügen. Und wenn die fragten, ob mein Vater loyal zu Führer, Volk und Vaterland stehe?

Natürlich tat er das, er hatte doch den Eid geschworen, so wie ich. Es war einfach ausgeschlossen, dass Väti sich über seinen Eid hinweggesetzt hatte. Er war aber verhaftet! Ich verstand die Welt nicht mehr. Und wenn die fragten, ob Väti einen Juden kenne?

Keiner von uns kennt einen Juden. Ja, da würde ich lügen.

Am Portal des Gebäudes Prinz-Albrecht-Straße acht wäre das Schild »Reichssicherheitshauptamt« gar nicht nötig gewesen. Man erkannte den Sitz der Gestapo schon von Weitem an der Bewachung. Rechts und links vom Eingang standen zwei Wachen in schwarzer SS-Uniform mit Karabinern, den Gewehrriemen natürlich kurz geschnallt. Etwa zwanzig Meter vor mir passierte ein SS-Offizier den Eingang. Die Wachen präsentierten vorschriftsmäßig das Gewehr. Als ich durch den Eingang ging, erfolgte diese den Offizieren vorbehaltene Ehrenbezeigung natürlich nicht. Die Wachen würdigten mich keines Blickes. Am Tisch der Anmeldung saßen ein SS-Mann mit einem Gesicht wie eine Bulldogge und eine weißblonde Empfangsdame. Ich wandte mich an den SS-Mann:

»Ich möchte zu Obergruppenführer Müller!«

»Ach, einfach so? Da werden Sie wohl kein Glück haben, Grenadier.«

»Ich habe die Bitte, dass Sie mich bei Obergruppenführer Müller anmelden!«

Der SS-Mann verwies mich wortlos an seine weißblonde Nachbarin.

»Ich weiß gar nicht, ob der Chef im Hause ist«, säuselte sie. »Ihr Name?«

»Grenadier Abshagen. Hans Ulrich Abshagen, OB-Inspektion[23] beim XX. Armeekorps in Thorn. Sagen Sie bitte Herrn Obergruppenführer Müller, dass ich nur wenige Stunden in Berlin bin!«

Die Empfangsdame kritzelte etwas auf ihren Block, telefonierte dann mit einer Kollegin, schwatzte und lachte mit

---

23 Bezeichnung einer Kompanie, die Offiziersbewerber (OB) ausbildete

ihr und kam schließlich zur Sache. Eine Zeit lang hielt sie stumm den Telefonhörer in der Hand, um eine Antwort abzuwarten, machte dann plötzlich ein überraschtes, ernstes Gesicht und stieß den neben ihr sitzenden SS-Mann mit der Hand an.

»Grenadier Abshagen zum Obergruppenführer!«, sagte sie.

»Warten Sie!«, sagte die Bulldogge, »Sie werden gleich abgeholt.«

Ein ganz junger SS-Ordonnanzoffizier mit Leutnantsschulterstücken kam auf mich zu.

»Grenadier Abshagen?«

»Jawoll, Herr Leutnant!«

Ich wusste, dass ein Leutnant bei der SS anders heißt. Ich glaube, Sturmführer oder Untersturmführer. Doch ich wusste ebenfalls, dass meine Anrede nicht unwillkommen war. Der Offizier führte mich zu einem Paternoster. Wir fuhren in die zweite Etage und gingen dort durch eine Halle zu einem Eingang, vor dem erneut zwei schwarz uniformierte Wachen standen. Nach einem Augenblick kam aus der Tür ein weiterer Ordonnanzoffizier und sagte zu mir:

»Der Herr Obergruppenführer lässt bitten!«

Ich trat ein und salutierte mit dem Hitlergruß.

So etwas hatte ich noch nie gesehen! Auch nicht im Kino. Ein Büro, ach was, ein Saal, sicher acht mal zehn Meter und sicher mindestens zwei Stockwerke hoch, mit einem riesigen Schreibtisch auf der einen Seite, auf dem zwar kein Papier lag, aber mehrere Telefone standen. Dahinter ein bedeutend aussehender Mann in feldgrauer Generaluniform mit schwarz-goldenen Kragenspiegeln. Ich sah nur ein paar dunkelbraune, fast schwarze, stechende Augen und glatt nach hinten gekämmte, mit Pomade angeklebte dunkle Haare. Neben der Tür stand ein runder Besprechungstisch mit einigen Sesseln. Ein riesiger Teppich lag auf dem Parkettfußboden. An der Wand hinter dem SS-General hing ein überlebensgroßes Ölgemälde Adolf Hitlers in Feldherrnpose.

Müller stand auf, ging um seinen Schreibtisch herum und kam mir mit aufgesetzter Freundlichkeit entgegen.

»Grenadier Abshagen, wollen Sie Ihren Mantel nicht ablegen?«

»Nein, danke, Herr General! Ich danke Ihnen sehr, dass Sie einen Augenblick Zeit für mich haben.«

»Kommen Sie, wir setzen uns hier hin.«

Ich bekam einen Platz am Besprechungstisch angeboten. Obergruppenführer Müller setzte sich neben mich und lächelte mich an. Zu dem Offizier, der mich hereingebracht hatte, sagte er: »Ich möchte jetzt nicht gestört werden!«

Der Offizier verschwand.

»Abshagen, öffnen Sie wenigsten Ihren Mantel. Das ist für Sie bequemer. Also: Was führt Sie zu mir?«

»Ich möchte meinen Vater sprechen. Ich bin für einen Tag hier in der Stadt. Morgen früh muss ich zurück zu meiner Einheit. Nach Thorn. Ich hoffe, wir kommen bald an die Front! Darf ich meinen Vater sprechen?«

»Was machen Sie in Thorn? Wie alt sind Sie?«

»Ich bin siebzehn, Herrn General. Offiziersbewerber im XX. Armeekorps. Ich hoffe, ich werde bald Fähnrich[24] und komme an die Front!«

---

24 Offiziersanwärter im Rang eines Unteroffiziers

»Was machen Sie hier in Berlin?«

»Ich war beim Heereswaffenamt. Habe die neuen Zielfernrohre für Scharfschützen abgeholt.«

»Warum wurden ausgerechnet Sie nach Berlin geschickt?«

»Weil ich der beste Gewehrschütze bin. Hab Glück gehabt auf dem Schießstand, Herr General.«

»Wo haben Sie das her?«, fragte Müller und deutete mit seinem Zeigefinger auf mein Ordensband an meinem Waffenrock.

»Nicht der Rede wert, Herr General. Hab ich als Flakhelfer hier in Berlin bekommen.«

»Von wem?«

»General der Flieger Bodenschatz.«

»Persönlich?«

»Ja, persönlich. General Bodenschatz besuchte zufällig meine Flakbatterie in Marienfelde.«

»Wer hat außer Ihnen diese Auszeichnung in Marienfelde bekommen?«

»Außer mir niemand.«

»Was waren Sie in der Hitlerjugend?«

»Jungzugführer im Jungbann[25] 200, Herr General.«

Müller stand auf. Sofort erhob auch ich mich und knöpfte meinen Mantel zu. Müller drückte auf den Klingelknopf, der auf dem Besprechungstisch lag. Die Tür öffnete sich. Dort stand wieder der Ordonnanzoffizier. Müller geleitete mich zur Tür und sagte: »Abshagen, fahren Sie nach Moabit. Sie können Ihren Vater sprechen.«

»Wann, Herr General?«

---

25 Einheit des Deutschen Jungvolks (2000 bis 4000 Jungen)

»Jetzt! Heil Hitler, Grenadier Abshagen!«
»Heil Hitler, Herr General!«

Kaum hatte ich das Gebäude der Gestapo verlassen, schein-
bar selbstsicher und geraden Schritts, da schlug mir plötzlich das Herz bis zum Hals. Mir wurde ganz heiß, ich war
so benommen, als müsste ich mich irgendwo festhalten. Für
einen Augenblick fasste ich nach einem Laternenpfahl ...
    Das war gerade noch mal gut gegangen. Mir wurde jetzt
erst klar, was eigentlich geschehen war: Ich hatte mit dem
Mann gesprochen, der in ganz Deutschland die meiste Angst
verbreitet. Wie oft hieß es doch im Flüsterton: Sag das nicht,
sonst kommt die Gestapo zu dir! Ich versuchte, diesen Gedanken zu verdrängen.

Wir haben längst den Schlesischen Bahnhof passiert. Die
beiden Feldjäger sitzen mir gegenüber. Sie wollen natürlich
meinen Marschbefehl sehen, setzen ihren Stempel darauf,
kontrollieren auch mein Soldbuch und entpuppen sich dabei als freundliche Menschen. Ich bin aber ziemlich einsilbig, weil ich meinen Gedanken weiter nachhängen will.

Auf dem Weg von der Prinz-Albrecht-Straße zum Moabiter
Gefängnis zwang ich mich, erst mal an das Naheliegende zu
denken. Wie sollte ich mich im Gespräch mit meinem Vater
verhalten?
    Ein Gespräch unter vier Augen würde es wohl nicht ge-
ben, fürchtete ich. Wenn andere mithörten, sollte ich nicht
versuchen, den Eindruck zu erwecken, dass bei uns zu Hause der Nationalsozialismus ein Thema war. Das würde
wahrscheinlich niemand glauben. Ich sollte Väti fragen, wie

geb. am ..... **18. 10. 26** in ..... *Berlin*
(Ort, Kreis, Verw.-Bezirk)

Religion ..... **ev.** ..... Stand, Beruf ..... *Schüler*

Perſonalbeſchreibung:

Größe ..... **174** ..... Geſtalt ..... *schlank*

Geſicht ..... *oval* ..... Haar ..... *dkl. - blond*

Bart ..... ./. ..... Augen ..... *grau*

Beſondere Kennzeichen (z. B. Brillenträger): ..... *keine*

Schuhzeuglänge ..... Schuhzeugweite .....

..... *Hans-Ulrich Saskagen*
(Vor- und Zuname, eigenhändige Unterſchrift des Inhabers)

Die Richtigkeit der nicht umrandeten Angaben auf Seiten 1 und 2 und
der eigenhändigen Unterſchrift des Inhabers beſcheinigt

Deutſch Krone den ..... 6. Januar 19 44

Stamm.Kp. / G. E. B. 368
(Ausfertigender Truppenteil, Dienſtſtelle)

Dienſtſtempel ..... i. V.

(Eigenhändige Unterſchrift, Dienſtgrad u. Dienſtſtellung des Vorgeſetzten)

2

*Seite aus meinem Soldbuch, ausgestellt am 6. Juni 1944 in
Deutsch Krone*

es ihm geht, dass ich glaubte, dass er bald wieder frei sein würde, dass ich ganz sicher sei, dass er mit dem schrecklichen Attentat nichts zu tun habe. Und dass er bestimmt wieder im OKW arbeiten würde und ob er mich bald in Thorn besuchen könne. Dann würde ich von mir erzählen. Da sollte ich auf die Pauke hauen. Ein zum Staat positiv eingestellter Sohn – der Eindruck musste entstehen. Ich würde etwas Optimistisches sagen.

Ja, so wollte ich das machen.

Am Eingang zum Gefängnis war ein Schalter. Dahinter eine Zimtzicke von Frau mit grauem Gesicht und einem grauen Dutt. Ja, ein richtiges Ziegengesicht. Ich sagte: »Ich habe eine Besuchserlaubnis zu Herrn Major Abshagen.«

Darauf die Zimtzicke: »Einen Major Abshagen haben wir hier nicht.«

»Ich sollte hierherfahren und mich bei Ihnen melden. Hat mir das Sicherheitshauptamt gesagt.«

Die Zimtzicke blätterte in einer Liste: »Meinen Sie vielleicht ›Abshagen, Wolfgang, geboren in Stralsund‹?«

»Ja, das ist mein Vater!«

»Also, warum nicht gleich so? Setzen Sie sich auf die Bank da drüben. Ich werde Sie aufrufen!«

Der Zug verlangsamt seine Fahrt. Die beiden Feldjäger verlassen das Abteil. Wir laufen in einen Bahnhof ein. Küstrin. Auf dem Schild steht: Küstrin-Neustadt.

Wie ein Blitz trifft mich der Gedanke an Rose. In den Stunden zu Hause hatte ich weder mit Mami noch mit Ilse über sie gesprochen. Es gab nur ein Thema: Väti – und was die mit ihm in Moabit machten. Da konnte ich natürlich nicht mit Rose kommen. Trotzdem hätte ich gerne meiner Schwester mein Herz ausgeschüttet. Ilse hätte sicher Verständnis für mich gehabt, sie hat mir ja auch von ihrem Schwarm erzählt. Ich glaube, er heißt Hans. Hans Beyer. Er hat einen Zwillingsbruder, Karl. Aber Ilse schwärmt für Hans. Vielleicht hätte ich Ilse bitten sollen, mit Rose Kontakt aufzunehmen. Soll ich Ilse deswegen schreiben?

Ja, ich werde ihr von Rose schreiben. Auch von Roses Pferd Tora, der Fuchsstute. Ilse soll wissen, dass ich mich noch nicht getraut habe, an Rose zu schreiben. Ilse muss was für mich tun! Sie hat doch gerade in Heidelberg Reitunterricht gehabt. Da kann sie ganz harmlos mit Rose über Pferde fachsimpeln und bei der Gelegenheit was Nettes über ihren Bruder sagen. Und dass ich mich nicht traue, aber mich gerne trauen würde! Ilse muss mir helfen!

Mein Vater sitzt im Gefängnis und ich denke an Rose!

Ich versuche mich zu konzentrieren, aber ich schweife immer wieder mit meinen Gedanken ab.

Rose ...

Wie sie mir auf dem Gut ihr Pferd vorführte – an dem Tag war es so glühend heiß – und sie sagte: »Komm, wir gehen in den Schatten!«

Sie steuerte auf die Wiese hinter dem Gutshaus zu, wo im Schatten einer großen Eiche eine Bank stand.

»Nicht auf die Bank! Sei nicht so spießig!«

Damit warf sich Rose auf die Wiese im Schatten der Eiche und starrte in den Himmel und die Blätter des Baumes. Ich setzte mich neben sie.

»Uli, meine Schulfreundin Inge sagt, ich hätte gar keine blauen Augen. Sie wären grau. Und ich würde immer streng und abweisend gucken.«

Ich schaute nicht zu Rose hinunter. Mich machte es verrückt, dass die zwei obersten Knöpfe ihres weißen Hemdblusenkleides geöffnet waren und der dritte Knopf nur noch an einem Faden hing.

»Völliger Quatsch!«, antwortete ich. »Du hast strahlend blaue Augen. Und streng guckst du auch nicht. Jedenfalls nicht bei mir.«

»Na, ja. Vielleicht hast du recht«, antwortete Rose.

Sie sprang plötzlich auf.

»Hier ist es doch zu warm. Lass uns drinnen 'ne Tasse Kaffee trinken!«

Rose lief in das Gutshaus. Ich ging hinterher.

Wenn Rose mir in die Augen sah, wich ich ihrem Blick aus. Warum eigentlich?

Weil ich verlegen war.

Ich bin eben zu unreif. Oder nicht mutig genug. Ich möchte den Blick von Rose erwidern und mich in ihren Blick versenken. Höfer hatte recht: Ich hätte versuchen sollen, Rose zu küssen!

Vielleicht hätte sie mir eine runtergehauen?

Aber vielleicht auch nicht! Vielleicht hätte sie meinen Kuss erwidert!

Ich sehe sie vor mir. Sie nimmt ganz selbstverständlich meinen Kopf in ihre Hände, zieht ihn langsam zu sich heran, sie schließt ihre Augen, ich bin plötzlich so überwältigt, dass ich zu schluchzen beginne, ich weine haltlos, es bricht aus mir heraus, ja, ich will weinen, ich will gar nicht aufhören zu weinen, so unendlich ist mein Glück. Mami hat mir ein riesiges Taschentuch mitgegeben, das ich an meine Augen drücke. Es wird ein nasser Waschlappen draus. Ich bin so glücklich wie noch nie in meinem Leben.

Ein Ruck des Zuges holt mich in die Wirklichkeit zurück. Das Glück gibt es eben nur in meiner Fantasie. Aber geheult wie ein Schlosshund habe ich wirklich. Und ich schäme mich nicht deswegen. Nein, ich schäme mich nicht. Gott sei Dank bin ich allein im Abteil. Was hätten die Feldjäger zu einem heulenden Grenadier gesagt?

Wahrscheinlich: Muttersöhnchen! Hat noch die Eierschalen hinter den Ohren.

Sie können nicht wissen, was für ein Tag hinter mir liegt. Der Besuch bei meinem Vater, die Angst um ihn, die ganze schreckliche Verwirrung. Und dann Rose ...

Ein Wärter führte mich durch mehrere Gänge und Türen. Vor mir schloss er eine Tür auf, hinter mir schloss er sie wieder zu. Ein Gang nach dem anderen, eine Tür nach der anderen. Schließlich wurde ich in einen kleinen, stickigen Raum ohne Fenster geführt. Eine nackte Glühbirne verbreitete gleißende Helle. Es gab einen Tisch und zwei Stühle. Auf der einen Seite des Tisches saß schon mein Vater, eingerahmt von einem schwarzen Vorhang, der rechts und links von uns von der Decke bis auf den Besuchertisch hinabhing. Väti sah schlecht aus. Und unrasiert! Ohne Uniform. In Zivil. Er schaute mich an und sagte nichts.

Ich beugte mich über den Tisch, um ihn zu umarmen.

»Zurück!«, rief ein Wärter, der sich hinter meinem Vater aufgestellt hatte.

»Hinsetzen, Grenadier Abshagen!«, befahl er.

Ich setzte mich.

»Sie dürfen zehn Minuten mit dem Angeklagten sprechen«, sagte er. »Sie dürfen mit keinem Wort über das Verfahren gegen den Angeklagten sprechen. Sie dürfen nichts sagen, was in irgendeinem Zusammenhang mit der Untersuchung hier steht. Sie dürfen auch keine Fragen dazu stellen. Ein einziges solches Wort – und der Besuch wird abgebrochen! Haben Sie das verstanden, Grenadier Abshagen?«

»Jawohl, ich habe Sie verstanden!«

Der Wärter trat zurück, blieb aber in der Nähe. Ich sah mich in dem Raum um. Unter dem Tisch war genau zu erkennen, dass rechts und links hinter dem schwarzen Vorhang noch jemand mit am Tisch saß. Rechts sah ich Frauenbeine, links saß ein Mann mit blank geputzten schwarzen Schuhen. Also wurde mitgehört. Man hätte sich den Vorhang sparen können.

Väti sagte: »Hans Ulrich. Schön, dass du hier bist.«

Seine Stimme war anders als sonst. Sie klang abgenutzt, spröde und ließ mich spüren, dass wir nicht alleine waren. Auf einen Schlag war mir klar, dass ich jedes Wort auf die Goldwaage legen musste. Vielleicht würde meinem Vater später etwas vorgeworfen, was ich jetzt unbedacht von mir gab. Sicher waren das Stenografen, die neben uns saßen.

»Erzähl von dir!«, fuhr Vätis Stimme fort. »Wie läuft es bei deiner Ausbildung?«

Zu Hause hätte Väti ganz anders gesprochen. Das Wort »Ausbildung« sagte mir, welche Rolle ich jetzt spielen musste. Vielleicht konnte ich Väti helfen, wenn ich von mir sprach. Dass ich ein toller Hecht bin, dass ich bald an die Front will! Mir war klar, dass ich mich jetzt bewähren musste.

»Stell dir vor, beim Gewehrschießen bin ich in allen Disziplinen der Beste. Damit werde ich automatisch Scharfschütze. Ich krieg die silberne Kordel, du weißt: die Affenschaukel[26]!«

»Weshalb kommst du nach Berlin?«

»Einer von unserer Kompanie musste etwas abholen beim Heereswaffenamt. Der Spieß hat dafür mich bestimmt. Morgen früh fahre ich zurück nach Thorn.«

»Wie geht es in Thorn weiter?«

Väti wollte offenbar keine Gesprächspausen entstehen lassen. Fast körperlich spürte ich die unangenehme Nähe der Mithörer.

»Du, Väti, die Inspektion, du weißt doch, so nennt man unsere Ausbildungskompanie, das ist eine fantastische Einheit. Alles Asse! Ohne Ausnahme waren alle Führer in der Hitlerjugend.«

Das stimmte zwar nicht, aber ich dachte, es klänge gut für die Lauscher hinterm Vorhang.

»Wir verstehen uns alle gut. Mein bester Freund ist Hermann Höfer, von ihm hab ich dir schon erzählt. Er ist mein Stubenältester. Bis auf eins ist alles in Ordnung ...«

»Was ist nicht in Ordnung?« Väti sah mich plötzlich ängstlich an. So einen Gesichtsausdruck hatte ich noch nie bei ihm gesehen.

»Wir wollen an die Front! Wir warten jeden Tag darauf. Stattdessen machen wir tagtäglich stramme Ausbildung. Ich glaube, ich könnte schon als Zugführer eingesetzt werden. Bitte, Väti, drück mir die Daumen! Dass wir endlich das machen, wofür wir ausgebildet werden, und an die Front kommen. Ich will den Russen zeigen, was 'ne Harke ist!«

---

26 Silberfarbige Kordel, die von Scharfschützen an der Ausgehuniform getragen wurde

Mein Vater sah plötzlich erleichtert aus.

»Ich drück dir die Daumen«, sagte er.

Das war für die hinterm Vorhang bestimmt. Natürlich möchte Väti mich so lange wie möglich in der Ausbildung wissen und nicht an der Front.

»Weißt du das Neuste von Ilse?«, redete ich weiter.

»Was denn? Ilse studiert doch an der Uni.«

»Ich find Ilse klasse! Sie hat sich gemeldet, dass sie neben dem Studium eine kriegswichtige Arbeit machen will. Jetzt arbeitet sie jede zweite Nacht im Auswärtigen Amt. Macht Übersetzungen aus dem Englischen und aus dem Spanischen oder so was. Sie darf aber nicht sagen, was es ist. Es ist geheim.«

»Besuchszeit beendet!«, rief der Wärter.

Väti stand auf, um mir die Hand zu geben. Dabei sah ich, was mir bisher verborgen geblieben war: Mein Vater musste mit einer Hand seine Hose halten. Er hatte weder Gürtel noch Hosenträger.

Bevor unsere Hände sich berühren konnten, packte der Wärter Väti an den Schultern und zog ihn zurück.

«Grenadier Abshagen! Wegtreten!«

Vätis und mein Blick trafen sich noch einmal ganz kurz.

Ich bemerke erst jetzt, dass wir längst im nächsten Bahnhof eingelaufen sind. Auf dem Stationsschild steht: Landsberg. Landsberg an der Warthe. Ein Vorfahre von mir stammt aus Landsberg. Bei meiner Ahnenforschung bin ich auf ihn gestoßen. Die Eintragung in einem alten Schriftstück habe ich nicht vergessen. Sie lautet:

»Er schloss die Ehe mit« – der Name der Frau fällt mir jetzt nicht ein, aber da stand – »mit einer alten Deern«.

Also diese meine Urururgroßmutter war bei der Ehe-schließung schon etwas älter. Vielleicht war sie schon dreißig. Der Ehemann hieß Wimmert. David Wimmert. Ein Jude.

Informationen von Ilse

»Kompanie – stillgestanden!«

Die gewaltige Stimme unseres Oberfeldwebels übertönt beim morgendlichen Appell alle Nebengeräusche.

»Richt euch!«

Alle Köpfe wenden sich blitzschnell nach rechts zum Flügelmann. Es folgt reges Getrampel und Geschurre mit den Stiefeln, bis das erreicht ist, was eben nur eine Eliteeinheit kann: Die drei Züge der Kompanie stehen so ausgerichtet, als ob ein Landvermesser eine Linie mit einem riesigen Lineal gezogen hätte. Die drei Zugführer treten kurz zurück, um zu kontrollieren.

Dann ruft der Spieß: »Augen geradeaus! – Rührt euch!«

Der linke Fuß der Soldaten löst sich aus der Habtachtstellung und wird nach vorn gesetzt mit einem einheitlichen »Klack«, die Hände lösen sich von der Hosennaht. Wir stehen bequem. Jetzt folgt der morgendliche Befehlsempfang.

Diesmal ruft Oberfeldwebel Aust: »Wer hat heute früh den ›Völkischen Beobachter‹ gelesen? Handzeichen!«

Rechts und links von mir, alle heben die linke Hand. Nur ich nicht. Das ist doch völlig ausgeschlossen! Kein

Mensch war heute früh auf Schreibstube. Nur dort liegt die Zeitung aus.

»Haben Sie das Urteil des Volksgerichtshofs gelesen?«

»Jawoll, Herr Oberfeld!«, rufen hundertsiebzig Mann, nein hundertneunundsechzig, denn ich bin sprachlos. Was soll diese riesengroße Lüge?

Es geht eine Bewegung durch die Kompanie. Alle rechts von mir gucken nach links. Sie sehen mich an. Mit hasserfüllten Augen! Links von mir das Gleiche. Auch Höfer. Sein Blick ist stahlhart. Höfer ist doch mein Freund!

Volksgerichtshof. Mein Vater! Wurde er zum Tode verurteilt?

Jetzt weiß ich: Unser Familienname steht in der Zeitung. Mir wird schwindelig. Ich kann mich nicht auf den Beinen halten. Unter meinen Füßen sackt der Boden weg. Hilfe!

Ich falle. Mir wird schwarz vor Augen. Fangen meine Kameraden mich nicht auf?

Um mich herum ist ein Rauschen, ich falle weiter, ich falle immer tiefer, ich falle, ich falle – da packt mich eine Hand an meinem Koppel und rüttelt mich.

»Hallo! Grenadier! Was stöhnen Sie so?«

Ich öffne meine Augen und blicke in die sorgenvollen Augen des Feldjäger-Unteroffiziers.

»Hatten Sie einen Albtraum?«

Nur langsam realisiere ich, dass ich immer noch im Dienstabteil des Zuges von Berlin nach Thorn sitze. Ich will aufspringen. Der Feldjäger drückt mich auf den Sitz zurück.

»Ja, Herr Unteroffizier! Einen Albtraum.«

»Was Schlimmes?«

»Ich weiß nicht, was es war«, lüge ich. »Ich bin wohl

eingenickt. Heut Nacht war ja Fliegeralarm. Wenig geschlafen.«

»Wir haben in Berlin auch im Keller gesessen. Aber Bomben sind diesmal wohl nicht gefallen.«

»Es waren nur Aufklärer. Jedenfalls hat der Rundfunk das gesagt. Ich hab nachts einen Spaziergang gemacht. Mit meiner Schwester.«

»Ich komme gleich wieder«, verspricht der Feldjäger und steht auf. »Vielleicht bringe ich Ihnen was Essbares aus dem Offizierswaggon mit.«

»Bitte ganz viel!«, rufe ich, und wir lachen beide.

Gedanklich kann ich mich vom gestrigen Tag immer noch nicht losreißen. Als Mami, Ilse, ich und die anderen Bewohner des Dreifamilienhauses Eschenallee achtzehn bei Fliegeralarm um Mitternacht in dem Luftschutzbunker saßen, den mein Onkel, Heinz Tannen, tief im Garten seines Hauses hatte anlegen lassen, war das alleinige Thema: Mein Vater im Gefängnis. Wir konnten über alles offen sprechen, selbst meine Mutter, die das Haus sonst kaum verließ, weil sie nicht als Ehefrau eines Hochverräters angepöbelt werden wollte. Im Hintergrund dudelte das Radio, und wir hörten, dass für Berlin in den Nachtstunden nur einige Aufklärungsflugzeuge zu erwarten waren. Daraufhin gingen Ilse und ich entgegen den Vorschriften trotz Fliegeralarm nach oben auf die Straße. Es war sternenklar. Weit und breit war niemand zu sehen.

»Wir werden diesen Krieg verlieren«, sagte Ilse ganz ruhig.

»Bist du verrückt?«, stieß ich hervor.

Oft bin ich wütend, dass Ilse so viel mehr weiß als ich.

Meine Mutter, Irmgard Abshagen, und meine Schwester Ilse,
Juli 1944

Sie ist ja auch viel älter, ganze drei Jahre. Und sie muss wirklich was zu sagen haben. Sonst würde Väti nicht so viel mit ihr reden. Sie ist eben eine Intelligenzbestie. Aber mit viel Herz. Ich liebe Ilse. Sie schickt mir oft guten Lesestoff. Mein Platon-Brevier stammt auch von ihr. Was sie mir zukommen lässt, passt meist haarscharf. Auch Essenmarken hat sie mir schon geschickt, sogar Kuchenmarken! Vom Munde abgespart. Aber jetzt dieser Satz!

Wir gingen Richtung Branitzer Platz und hatten die ganze Straße für uns allein.

»Spätestens in einem Jahr sind die Amis und die Russen hier.«

»Ilse! Wir haben die beste Wehrmacht der Welt! Nie, nie werden unsere Feinde deutschen Boden erreichen!«

»Hör mal, Ulrich, wir sollten uns einmal die Tatsachen

vor Augen führen, keine Meinungen, kein Was-wäre-wenn, sondern nur Tatsachen. Zunächst mal hat Deutschland den Krieg angefangen und ...«

»Nein, die Polen haben angefangen!«

»Das hat die Propaganda uns beigebracht. Aber fast jedermann auf der Welt weiß, dass das nicht stimmt. Deutschland war hoch gerüstet, die Polen dagegen hatten überhaupt kein kriegstaugliches Militär. Eine solche Nation greift einen übermächtigen Nachbarn nicht an.«

»Woher weißt du das?«

»Ich höre jede zweite Nacht Auslandssender. Im Auswärtigen Amt, ganz offiziell. Also droht mir deshalb keine Todesstrafe. Mein Auftrag ist, Übersetzungen zu machen. Natürlich darf ich nicht darüber sprechen. Aber eins steht doch fest: In Deutschland werden Rundfunk und Zeitungen von der Regierung gesteuert. In vielen anderen Ländern – USA, England, im ganzen englischen Commonwealth, also rund um die Welt – wird über alles frei berichtet. Auch wenn jemand mit der eigenen Regierung nicht einverstanden ist, selbst darüber wird berichtet. Du hattest doch in unserer Wohnung in Lankwitz einen Globus. Hast du mal gesehen, wie groß dort das Deutsche Reich ist? Die Größe eines Pfennigs! Auf dem größten Teil der restlichen Welt weiß jedermann, dass Deutschland den Krieg mit Polen angefangen hat!«

»Aber England und Frankreich haben uns den Krieg erklärt!«

»Die hatten Polens Grenzen garantiert. Hitler wusste das. Und hat trotzdem angegriffen. Dann darf er sich nicht wundern, wenn die zu ihrem Wort stehen.«

»Das wusste ich nicht.«

»Lass uns mal weiter die Tatsachen ansehen! Den See-krieg haben wir verloren. Die deutsche U-Boot-Waffe ist praktisch ausgeschaltet. Fast alle Geleitzüge der Amerikaner kommen nach Europa durch.«

»Woher weißt du das?«

»Die Antwort ist immer dieselbe: Ich weiß, was in der restlichen Welt berichtet wird.«

»Und weiter?«

»Du weißt, den Luftkrieg haben wir auch verloren. Jede Nacht und neuerdings auch tagsüber sind Bombergeschwader über dem Reichsgebiet. Wir können das kaum verhindern. Bald liegt bei uns alles in Schutt und Asche.«

»Trotzdem lassen wir niemanden ins Reichsgebiet! Und bald sind unsere neuen Vergeltungswaffen fertig!«

»Das sagt unsere Propaganda. Es soll ein Wunder bevorstehen. Außer den Deutschen glaubt allerdings niemand daran.«

»Ilse! Mit dem, was du sagst, kann ich doch nicht in den Krieg ziehen! Morgen früh, nein, es ist ja schon nach Mitternacht, also heute früh fahre ich zurück nach Thorn. Sicher kommen wir bald zum Einsatz!«

»Du wirst klug genug sein, über das, was ich eben gesagt habe, mit niemandem zu reden. Ich meine nur, du solltest wissen, was los ist. Versuch, lebend durch den Krieg zu kommen!«

»Ich glaube aber an ein Wunder!«

»Bitte, tu das. Aber bleib dabei lebendig!«

»Ist das alles?«

»Nein, es gibt noch etwas Schlimmeres.«

»Also, was Schlimmeres, als dass wir den Krieg verlieren, kann es wohl nicht geben.«

»Doch.«

»Nämlich?«

»Wir sind in den Augen der restlichen Welt ein Volk von Verbrechern!«

»Was?«

»Du hast richtig gehört: ein Volk von Verbrechern! Wir haben Tausende, nein Millionen von Menschen in Deutschland ermordet! Systematisch umgebracht. Die Juden. Das wird uns die Welt nie vergessen.«

»Die Juden? Aber hat man die nicht in Gefangenenlager gebracht?«

»Ja, in Konzentrationslager. Aber nicht, um sie gefangen zu halten. Dort werden sie alle umgebracht.«

»Das ist bestimmt Feindpropaganda! Glaubst du, der Führer würde so etwas zulassen?«

»Du bist so blauäugig und so ahnungslos. Das kannst du von mir aus bleiben. Aber du solltest wissen, dass wir Deutschen für diese unvorstellbaren Verbrechen büßen werden.

Und zwar über Generationen hinaus.«

Ich schwieg.

»Wo ist Leo Ahlfänger?«, fragte Ilse weiter.

Mit Leo hatte ich als Kind in der Bruchwitzstraße Murmeln gespielt, und wir fuhren zusammen Fahrrad. Wenn im Park am Bahndamm in dem großen ovalen Brunnen kein Wasser war, übten wir in dem leeren Becken unsere Fahrradkunststücke. Leo wohnte mit seinen Eltern bei uns um die Ecke in der Dürkheimer Straße.

Ahlfängers waren plötzlich weg gewesen. Ich hatte mir nie Gedanken darüber gemacht. Vielleicht waren die in eine andere Stadt gezogen, und Leo hatte vorher nichts davon erzählt?

Ich dachte mit einem Mal an die vielen Plakate »Deutsche! Kauft nicht bei Juden!«

»So wie Ahlfängers ging es anderen Juden auch«, redete Ilse weiter, »Ahlfängers wurden sicher nachts von der Gestapo abgeholt. Die leben bestimmt nicht mehr!«

Plötzlich tönten überall die Sirenen – ein langer Dauerton. Entwarnung. Ilse und ich gingen nach Hause. Ich hatte nur noch wenige Stunden zum Schlafen, bevor ich zum Bahnhof Charlottenburg musste.

Die Abteiltür wird geräuschvoll geöffnet. Die beiden Feldjäger strahlen mich an. Der Unteroffizier trägt einen Teller mit Rührei, Wiener Würstchen und einem Stück Kommissbrot. Es gibt sogar ein Besteck für mich. Vornehmer geht es wirklich nicht. Offizier müsste man sein!

»Damit Sie bis Thorn nicht verhungern!«, sagt mein Betreuer.

Ich verschlinge begeistert, was mir angeboten wird. »Jetzt weiß ich, warum ich eigentlich Offizier werden will«, flachse ich, und wir kommen ins Plaudern.

Schließlich fragt mein Gegenüber: »Warum ist die Seitentasche in Ihrem Waffenrock so dick? Das wird Ihr Spieß nicht gut finden.«

»Ach, meine Mutter hat mir im letzten Augenblick noch Briefe mitgegeben. Von meinen Freunden. Die werde ich lesen, wenn ich in Thorn bin.«

Ich halte meinen Teller fest, ziehe aber mit der anderen Hand die Briefe aus meiner Waffenrocktasche, um schon

Mit meiner Familie auf dem Balkon unserer Wohnung in der Bruchwitzstraße 12, 1941; rechts neben mir Ilse, in der Mitte mein Vater, ganz rechts meine Mutter

mal zu sehen, von wem sie sind. Bestimmt ist einer von Tante Else dabei. Ihr geht es noch gut auf dem Land in der Nähe von Prenzlau. Bei ihr hatte ich damals Rose kennengelernt. Das blonde Mädchen vom Nachbargut war auf einmal da gewesen. An jenem Tag trug sie ihre Haare hochgesteckt, ihre blauen Augen sahen mich forschend an.

»Sag doch Rose ›Guten Tag!‹«, ermunterte mich Tante Else.

Ich versuchte, Roses Blick zu erwidern, doch es gelang mir nicht. Dann schaute ich auf ihre Beine und musste plötzlich schlucken. Ich gab ihr die Hand und sagte nichts.

Tante Else schreibt oft, und jedes Mal schlägt sie vor, dass ich sie besuchen soll. Sicher ist auch etwas von meinem

Freund Hubert dabei. Hubert Lohm aus Binz. Der ist auch beim Kommiss und schon weiter als ich. Er absolviert seine Ausbildung an der Unteroffiziersschule in Hohensalza. Ist ja auch ein Jahr älter.

Hier ist ein gelber Brief. Unsere Zugehfrau, Frau Phillip, schreibt immer auf gelbem Papier. Wie nett, dass Frau Phillip mir schreibt. Da trifft mich der Schlag. Ich traue meinen Augen nicht – Rose! Ein Brief ist von Rose!

Der Teller entgleitet meiner Hand, ich kann ihn gerade noch auffangen, doch das Besteck fällt zu Boden und hinterlässt dabei einen schmierigen Streifen auf meiner Uniformhose. Schnell beseitige ich das Malheur und reiße ganz aufgeregt den Brief auf:

Lieber Uli,
Deine Tante Else sagt, Du bist noch in der Ausbildung.
Bekommst Du mal Urlaub? Wir haben jetzt ein zweites
Reitpferd! Vielleicht können wir dann zusammen aus-
reiten? Schreib mal!
Rose
P.S.: Pass auf Dich auf!

Das Versteckspiel

»Absi, du gehst auf Wache. Ohne Stahlhelm!«, ruft Höfer.

»Ohne Stahlhelm? Bist du verrückt?«

»Ein UvD[27] ist nie verrückt. Ich befehle es so. Ablösung kommt in zwei Stunden. Dein Gewehr lässt du auch hier. Klar?«

»Jawoll! Klar«, erwidere ich mürrisch und will aus unserem Zelt kriechen. Da ruft Höfer noch hinter mir her: »Absi, dein Gesicht dunkel einschmieren! Klar?«

»Ja, auch klar.«

Es dauert eine Weile, bis meine Augen sich an die Dunkelheit gewöhnen. Jetzt kann ich die Sterne sehen, ich erkenne den Großen Wagen und finde auch den Polarstern. Außer den Sternen gibt es kein weiteres Licht und keinen Menschen weit und breit. Unter einer Zeltplane liegt unsere Gruppe von zehn Mann. Hermann Höfer hatte die Idee. Es ist das Genialste, was ich je beim Militär erlebt habe. Das große Versteckspiel.

---

27 Unteroffizier vom Dienst

Heute Mittag sind alle drei Züge unserer Kompanie über die Straße längs der Weichsel nach Weichselthal marschiert. Auf den Truppenübungsplatz. Natürlich in voller Gefechtsausrüstung. Mit scharfer Munition, Gasmasken und all dem Klimbim. Scharfe Munition wurde aber noch nicht verteilt. Heute ist das Lieblingsspiel unserer Vorgesetzten dran. Die einzelnen Gruppen von je zehn Mann bekamen die Aufgabe, sich nachts so zu verstecken, dass die Vorgesetzten sie nicht finden. Die erfahrenen Soldaten finden die Verstecke natürlich immer. Eine Gruppe hatte sich mal in Baumkronen versteckt. Auch die wurde gefunden.

Zwei Lehrgänge vor uns, das muss 1942 gewesen sein, soll es die große Ausnahme gegeben haben. Da soll eine Gruppe nachts für alle Vorgesetzten unauffindbar gewesen sein, obwohl sie das Übungsgelände nicht verlassen hatte. Und genau diesen Ehrgeiz haben wir jetzt auch. Wir sind überzeugt: Uns findet keine Sau!

Dank Höfers Idee. Höfer ist heute unser Unteroffizier vom Dienst – unser UvD.

Hier sein Plan: Der Truppenübungsplatz liegt an der Straße von Thorn nach Weichselthal kurz vor Weichselthal. An der Einfahrt ist ein großer Platz, auf dem Armeefahrzeuge abgestellt werden. Wenn der Chef uns besucht, wird sein Kübelwagen dort geparkt. Dahinter befindet sich ein Wirtschaftsgebäude, wo es manchmal was zu essen gibt oder irgendwelche Schulungen stattfinden. Danach beginnt auf der flussabgewandten Seite das eigentliche Übungsgelände, eine riesige Wiese, an deren Ende Wälder, ein kleiner See, auch flache Hügel zu sehen sind.

Kein Mensch wird auf die Idee kommen, sich auf dieser

Wiese zu verstecken, die eben ist wie ein Brett und von allen Seiten eingesehen werden kann. Aber genau das ist Höfers Idee. Gar nicht weit vom Wirtschaftsgebäude entfernt gibt es eine kleine, ganz flache Kuhle, mehr eine Delle, in der Wiese. Die hatten wir tagsüber entdeckt, und nach Eintritt der Dunkelheit haben wir waagerecht unsere Zeltplane darübergespannt, die Zeltplane oben mit Grasbüscheln verziert und mit Erde bestreut. Darunter liegen wir wie die Heringe in der Dose und haben es uns gemütlich gemacht. Sollte tatsächlich nachts jemand über die riesige Wiese laufen, ist praktisch auszuschließen, dass er ausgerechnet in unsere Kuhle stolpert. Und unsere Wache merkt das natürlich vorher und kommt dann zu uns hereingekrochen, damit wir mucksmäuschenstill sind.

Ich bin der Erste auf Wache und lausche in die Nacht hinein. Drinnen, unter der Zeltplane, wird laut diskutiert und gelacht. Ich robbe an den Zelteingang zurück und rufe:

»UvD Höfer! Reden und Lachen kein Problem! Aber nicht so laut!«

Damit ziehe ich mich auf meinen Posten zurück. Ich bin mir sicher, es wird eine wunderbare Nacht. Nichts genieße ich mehr, als wenn ich alleine bin und meinen Gedanken nachhängen kann.

Ich will von Rose träumen. Aber das Gespräch mit meiner Schwester nachts in Berlin geht mir nicht aus dem Kopf. Ich sehe Ilse plötzlich mit anderen Augen. Wäre es möglich, dass das stimmt, was sie gesagt hat über den Krieg und über die Juden? Dass Leo Ahlfänger, dass Tausende Menschen – Ilse sagt, Millionen – einfach ermordet werden, weil sie nicht Christen sind oder eine andere Sprache sprechen?

Ganz ausgeschlossen. Das ist Feindpropaganda, ganz geschickte Feindpropaganda!

Warum muss ich überhaupt an so was denken?

Viel lieber denke ich daran, dass es gar nicht lange her ist, dass ich bei meiner Schwester vor allem überlegte, wie ich sie am besten ärgern kann. Ilse weiß stets alles besser als ich, besser und schneller. Und das Schlimme ist, sie hat fast immer recht. Aber manchmal ist es mir im Gegenzug auch schon gelungen, Ilse zu blamieren, und zwar wegen ihrer Figur. Ilse ist nicht so dünn wie ich, aber auch nicht dick, sondern so mittel, wie Mädchen eben meistens sind. Das bot mir einmal die Chance, richtig gemein zu ihr zu sein. In Wenningstedt ...

Meine Mutter war mit mir in den Sommerferien an die Nordsee gefahren, nach Wenningstedt. Das liegt auf der Insel Sylt und ist mit der Kleinbahn zu erreichen. Ilse sollte zwei Tage später nachkommen. Sie war noch in der Kinderlandverschickung oder beim Arbeitsdienst oder irgend so etwas. Mami und ich waren in einer vornehmen Pension an der Strandpromenade untergebracht. Beim Frühstück und beim Abendessen saßen die Pensionsgäste an weiß gedeckten Tischen mit Blick auf den Strand. Jeder hatte an seinem Platz eine Serviettentasche aus weiß gemustertem, steifem Papier und darauf stand der Name. Bei Mami stand »Frau Abshagen«, bei mir nur »Uli«. Ich bat Mami, meinen Nachnamen hinzuzufügen. Bei den Mahlzeiten begrüßten sich die Gäste freundlich, meine Mutter legte Wert darauf, dass ich das auch tat. Bald hatte man den Eindruck, jeder kannte jeden, und es wurde auch schon mal von einem Tisch zum anderen gesprochen und gemeinsam gelacht.

Am Morgen des Tages, an dem wir nachmittags Ilse von der Kleinbahn-Haltestation abholen wollten, setzte ich meinen hinterhältigen Plan um, Ilse eins auszuwischen. Ich ging beim Frühstück von Tisch zu Tisch und sagte zu den Gästen:

»Ich habe eine Bitte: Heute kommt meine Schwester Ilse. Sie ist ziemlich dick. Bitte lassen Sie es sie nicht merken!«

Beim Abendessen ging Ilse auf Geheiß von Mami von Tisch zu Tisch und stellte sich vor. An mehreren Tischen sagte man nach der Begrüßung zu ihr: »Fräulein Abshagen, Sie haben doch eine wunderschöne Figur! Sie sind ja gar nicht so dick!«

Ilses Gesicht wurde dunkelrot. Natürlich wusste sie, wer ihr das eingebrockt hatte.

Von der Seite, wo in der Ferne der Wald beginnt, höre ich Geräusche. Dann sehe ich am Waldrand mehrere Taschenlampen aufleuchten. Also hat man eine der versteckten Gruppen gefunden. Jetzt wird mir auch klar, warum keine scharfe Munition ausgegeben wurde. Wenn ein Grenadier auf Wache das ganze Versteckspiel nicht begreift, »Halt oder ich schieße!« ruft und dann auch noch durchdreht, könnte er einen Feldwebel umlegen.

Vielleicht denkt Väti jetzt an mich. Mein Vater hinter Gittern! – Wenn ich ihn nicht so erlebt hätte, wäre es mir unvorstellbar. Und ohne Hosenträger, wie ein Verbrecher. Vielleicht kriegt er nur Wasser und Brot? Seine geliebten Zigarillos, sonntags auch mal zwei, bekommt er bestimmt nicht. Und jeden Tag ein frisches Hemd erst recht nicht.

Die Sterne am Nachthimmel verschwimmen vor meinen Augen. Eines ist gewiss: Mein Vater wird verhört. Vielleicht wird er mit einer Lampe geblendet, und es werden stundenlang Fragen an ihn gestellt. Väti in den Händen der Gestapo – was für ein schreiendes Unrecht! Und das in unserem Deutschen Reich! Vielleicht gibt es noch mehr solches Unrecht, und ich weiß nichts davon? Ilse sagte ja, ich sei ahnungslos. Was gibt es denn noch alles, wovon ich eine Ahnung haben sollte?

Der Gedanke, dass unser Staat nicht in Ordnung sein könnte, gefällt mir nicht. In der Schule und im Jungvolk habe ich gelernt, dass ich stolz sein kann auf unser Vaterland. Und andere Völker haben keinen so starken Staat wie wir. Deutschland ist ein Vorbild für andere Völker!

Zu Hause hörte ich zwar nie etwas Gutes, aber auch nie etwas Schlechtes über Hitlerdeutschland. Wenn mein Vater sagte, zu Hause spreche man nicht über Politik, meinte er wohl nur die deutsche Politik. Ja, deutsche Politik war bei meinem Vater zu Hause kein Thema. Kann das mit seiner Verhaftung etwas zu tun haben?

Über die Politik in anderen Staaten, besonders die in England und den Vereinigten Staaten von Amerika, wurde in der Familie viel gesprochen, besonders, wenn mein Onkel Karl Heinz zum Abendessen zu uns kam. Dann wurde immer über England geredet. Onkel Karl Heinz ist ein Bruder meines Vaters. Er lebte und arbeitete bis zum Ausbruch des Krieges als Journalist für deutsche Zeitungen in England.

Bei uns zu Hause liegt im Wohnzimmer, sodass jeder es sehen kann, sein neues Buch »König, Lords und Gentlemen«. Väti redet dauernd darüber. Es gibt ein paar witzige Anekdoten aus der Londoner Zeit meines Onkels:

Einmal fuhr er morgens in der Londoner City mit seinem Auto hinter einem Rolls Royce. An jeder Kreuzung regelten die Polizisten den Verkehr so, dass der Rolls Royce stets freie Fahrt hatte. Onkel Karl Heinz immer hinterher.

Plötzlich ließ ein »Bobby« den Rolls Royce passieren, stoppte aber meinen Onkel. Der kurbelte sein Wagenfenster runter.

Der Bobby sagte: »You are speeding, Sir!«

Onkel Karl Heinz erwiderte, dass er nur dem Rolls Royce gefolgt sei.

Darauf der Bobby: »That was the King. And you are not ...«

Schallendes Gelächter an unserem Abendbrottisch.

Ich fragte Onkel Karl Heinz nach dem Lordsiegelbewahrer.

»Das ist eine gute Frage, Hans Ulrich!«, sagte mein Onkel und hob zu einer endlos langen Erklärung an.

Das Thema wurde dann mit Ilse und meinem Vater vertieft, und am Schluss wusste ich immer noch nicht, was ein Lordsiegelbewahrer wirklich tut. Aber aus allem, was Onkel Karl Heinz erzählte, klang heraus, dass das englische Königreich für ihn der hervorragendste aller Staaten und dem Deutschland Adolf Hitlers weit überlegen sei.

Wenn ich den Namen des Siegelbewahrers behalten hätte, dann könnte ich Punkte sammeln beim Lieblingsspiel von Ilse und Väti. Manchmal macht auch Mami mit. Es heißt: »Ich bin A, oder ich bin B oder Z.« Man muss sich den Namen eines bedeutenden Menschen ausdenken und den ersten Buchstaben von dessen Namen sagen.

Zum Beispiel sagt Ilse: »Ich bin B!«

Dann fragt der Nächste: »Bist du ein bedeutender deutscher Komponist?«

Darauf Ilse: »Ich bin nicht Beethoven.«

Nach Beendigung der Flakhelferzeit,
mit meinem Vater und Ilse, Frühjahr 1944

Darauf frage ich: »Bist du ein anderer deutscher Komponist?«

Ilse: »Ich bin nicht Bruckner.«

Wenn Ilse eine Frage nicht beantworten kann, gibt es
eine sogenannte Freifrage an Ilse. Die erste übliche Freifrage
lautet: »Lebst du?«

Nach langem Frage- und Antwortspiel kommt dann beispielsweise heraus, dass Ilse sich Johann Sebastian Bach ausgedacht hat.

Einmal, als ich gerade an der Reihe war, mir einen Prominenten auszudenken, überraschte uns mein Vater mit der Bitte:

»Hans Ulrich, bitte nimm nicht den Buchstaben H. Ich möchte nicht die Fragerei nach allen Größen aus der deutschen Politik.«

Gemeint waren natürlich Hitler, Heß und Himmler. Diese Bemerkung macht mich im Rückblick ganz nachdenklich. Hatte all das etwas mit der Einstellung meines Vaters zu tun?

»Väti«, hatte ich mich einmal beim Abendessen gemeldet, »Goebbels hat gestern in seiner Rede gesagt, wir alle führen Krieg. Also nicht nur du im OKW, auch Mami, Ilse und ich, wir alle führen Krieg! Goebbels' Rede steht in allen Zeitungen.«

»Hans Ulrich«, antwortete mein Vater recht ungehalten, »ich möchte nicht auch noch zu Hause etwas vom Reichsminister für Volksaufklärung und Propaganda hören. In der Schule und im Jungvolk kriegst du doch all das mit. Weißt du übrigens, was Friedrich der Große zu den Berichten in Zeitungen gesagt hat?«

Natürlich fällt mir dazu nichts ein.

»Ich weiß!«, rief Ilse. Ilse weiß immer alles. »›Die Gazetten sollen nicht genieret werden.‹ Das heißt, sie sollen nicht zensiert werden.«

Damit hatte ich mein Fett mal wieder weg.

Es ist höchstens eine Stunde unter freiem Himmel vergangen. Aus dem Versteck höre ich leise, aber lebhafte Stimmen. Alle scheinen sich sauwohl zu fühlen.

Warum hat Rose mir eigentlich nicht noch einmal geschrieben? Vielleicht lag es an meinem letzten Brief. Hatte ich sie verschreckt?

»Absi!« Krauses Hindenburgfrisur lugt unter der Zeltplane hervor.

»Absi«, flüstert Krause, »ich soll dich jetzt schon ablösen. Höfer will stramme Nationalsozialisten aus uns machen. Er sagt, er braucht dich dabei.«

Unwillig krieche ich unter die Zeltplane. Für einen Augenblick leuchtet eine Taschenlampe auf und zeigt mir, welcher Platz neben meinen liegenden Kameraden für mich frei geworden ist. Ich merke, dass ich mitten in eine hitzige Diskussion hineinplatze.

»Absi, wir brauchen dich jetzt«, sagt Höfer. »Wir sprechen über Politik. Über das, was wir dazu beitragen können. An was hast du draußen gerade gedacht?«

»An meine Freundin.«

»Absis Freundin ist ein besseres Thema!«, ertönt die Bassstimme von Bandow. »Hast du sie schon rumgekriegt?«

»Hast du sie schon richtig angefasst?«, wirft Gaida ein. »Ich meine, da, wo Mädchen sich zuerst sträuben und es dann furchtbar gerne haben und ihre Augen verdrehn?«

»Wir wollen jetzt nicht gewöhnlich werden«, sagt Höfer. »Aber einverstanden. Vor der Politik kommt Absi dran mit seiner Freundin. Sie heißt übrigens Rose. Also, Absi – Rose hat dir geschrieben, und du hast zurückgeschrieben. Wir wollen jetzt von dir wissen, wie man so was angeht, einen Liebesbrief schreiben.«

»Ja, Absi, bitte«, meldet sich der Dicke wieder, »ich weiß nie, was ich meiner Freundin schreiben soll.«

»Nein, von mir kommt nix«, antworte ich, »ihr wollt euch nur auf meine Kosten amüsieren. Sucht euch 'nen anderen!«

»Also!«

Wie immer, wenn Höfer bei uns bestimmt, wo es langgeht, fängt er an mit »Also«.

»Also, Absi, ich verspreche dir: Keiner lacht dich aus. Du kannst aber besser schreiben als wir alle. Was steht in einem guten Liebesbrief drin? Ich möchte es auch wissen!«

»Also« – jetzt fange ich auch schon damit an –, »ich habe keine Erfahrung im Verfassen von Liebesbriefen. Ich kann nur sagen, was ich meine, was in einem solchen Brief drinstehen soll. Ich glaube, zunächst mal sollte ein Liebesbrief eher kurz sein. Und einprägsam. Das Mädel sollte sich den Brief ab und zu wieder vornehmen wollen. Zwei Dinge müssen drin vorkommen. Als Wichtigstes muss nicht etwas von euch, sondern von dem Mädchen drinstehen. Über etwas, das sie gesagt oder geschrieben hat, über ihr Aussehen, ihre Augen, ihren Mund oder etwas über ihr Kleid. Das zeigt, dass ihr Interesse an ihr habt, dass ihr sie bewundert. Erst danach sollte etwas von einem selbst drinstehen, zum Beispiel, dass man dauernd an sie denkt, dass man von ihr träumt. Und am Schluss keine lange Grußformel. Nur Euer Name. So, das wär's.«

Erstaunlicherweise haben alle in Ruhe zugehört.

Gaida meldet sich: »Wie oft hast du ihr geschrieben?«

»Zweimal.«

»Und was hat sie drauf geantwortet?«

»Rose hat noch nicht geantwortet.«

Grölendes Gelächter.

Bandow ruft: »Du hättest schreiben müssen: Du findest ihre Bluse schön, wenn sie sie bis zum Bauchnabel offen trägt!«

»Nein!« Zwischenruf von Gaida, »dass du immer 'n Ständer kriegst, wenn du an sie denkst.«

Gelächter und Zwischenrufe steigern sich. Plötzlich steckt Krause von draußen seinen Kopf unter die Zeltplane und ruft:

»Ruhe! Ruhe, verdammt noch mal! Vorne werden Lastwagen aufgefahren. Die leuchten die Wiese mit Scheinwerfern aus!«

Lähmendes Schweigen erfasst uns. Falls sich unsere Zeltplane auch nur ein klein wenig bewegt, wenn gerade ein Scheinwerfer darüberleuchtet, dann sind wir geliefert. Wir halten den Atem an. Mit einem Mal gleißende Helle über uns, dann wieder dunkel, dann erneut hell, es bleibt länger hell, dann wieder dunkel.

Nach etwa zehn Minuten flüstert Krause in unser Zelt hinein: »Die haben nichts gesehen. Es kommt keiner!«

Bandows Bassstimme meldet sich: »Höfer, du bist der Größte! Uns findet keine Sau!«

»Also«, sagt Höfer, »ich übernehm jetzt wieder das Kommando. Übrigens: Bei Absis Blamage mit seinem Liebesbrief fand ich nicht gut, dass wir ordinär wurden. Angehende Offiziere sind nicht ordinär. Damit basta! Aber jetzt zurück zur Politik. Wir werden die Sowjets und die Amis schlagen, auch wenn es jetzt nicht danach aussieht. Warum schaffen wir das?«

Darauf Gaidas heisere Stimme: »Ihr wollt doch immer

hören: ›Weil wir Nationalsozialisten sind und weil wir unseren Führer haben. Adolf Hitler‹. Also sagen wir es.«

»Gaida hat recht«, ruft Masuch. Masuch meldet sich sonst nie. »Wir denken alle so. Damit können wir das Thema jetzt abhaken!«

Ich wollte dazu eigentlich nichts beitragen. Aber jetzt rede ich doch:

»Mensch, Höfer, was ihr sagt, das greift doch viel zu kurz. Wenn eine sowjetische Kugel auf mich abgefeuert wird und ich rufe ›Heil Hitler!‹, dann ändert sie doch nicht ihre Flugbahn. Vor einem Jahr waren wir sechzehn. Wir wollten Offiziere werden. Wir konnten gar nicht abwarten, bis unsere Ausbildung beginnt. Jetzt sind wir endlich dran. Wir wollen gute Offiziere werden. Das heißt, wir müssen unsere Mannschaft gut führen können. Damit die Sowjets gar keine Chance haben, auf uns zu schießen, oder wir ihnen zuvorkommen. Da reicht nicht das Motto ›Führer befiehl – wir folgen!‹ Mit Befehlen und Gehorchen ist es nicht getan. Da fehlt etwas in unserer Ausbildung. Bisher jedenfalls.«

»Absi, ich glaube«, unterbricht mich Höfer, »unsere Aussprache soll nicht dazu führen, dass du deine geheimsten Gedanken ...«

»Quatsch! Geheim! Ein Soldat, der Offizier werden will, muss doch so was Wichtiges so besprechen können, dass jeder NS-Führungsoffizier, ja, sogar die Gestapo mithören kann. Ich glaube, die könnten von uns sogar was lernen. Mir geht es darum: Wie kann man andere Menschen gut führen? Das soll doch unser Beruf sein, oder nicht? Meine Antwort lautet: Nicht allein durch Befehle! Vielmehr dadurch, dass derjenige, der führt, sich für seine Mannschaft interessiert, dass er sie ab und zu nach ihrer Meinung fragt, dass jeder in seiner Mannschaft sich persönlich respektiert fühlt. Dann kann ich gewiss sein, dass ich als Vorgesetzter geachtet werde. Und dass man mir auch ohne eine Erklärung immer folgt.«

»Absi plädiert für Parlamentarismus!«, ruft eine Stimme aus dem Hintergrund. »Dann wären ein Zug, eine Kompanie – eine Quasselbude. Nein, danke!«

Weitere Zwischenrufe: »Bevor Absi ›Rechts um!‹ kommandiert, will er abstimmen lassen! Vielleicht will die Mehrheit ›Links um‹?«

»Absi soll aufpassen, dass er nicht auch noch im Gefängnis landet!«

Die Fröhlichkeit unter der Zeltplane nimmt zu. Wie ich erwartet habe, meldet sich jetzt Malbrang. Seine Spezialität ist es, mit hoher Fistelstimme einen Tattergreis nachzuahmen. Das letzte Mal war sein vermeintliches Opfer unser kommandierender General. Jetzt ruft er mit dünnem Stimmchen:

»Meine sehr verehrten Damen und Herren des Deutschen Parlaments! Die Franzosen – ähm, ähm, ähm – haben uns den Krieg erklärt. Bevor wir – ähm, ähm, ähm – abstimmen, ob wir uns dagegen wehren wollen, erteile ich – ähm, ähm, ähm – das Wort dem Parlamentarier Absi.«

Prustendes Gelächter.

»Ruhe! Wacheinteilung!«

Sofort herrscht absolute Ruhe unterm Zeltdach. Wir hatten erwartet, dass Höfer uns jetzt zur Ordnung ruft. Er fährt fort:

»Bevor ich sage, wer wann Wache macht, zwei Bemerkungen zu Absis Rede. Erstens: Die war nicht schlecht. Er meint, man sollte auch vor seinen Untergebenen Respekt haben. Bei der nächsten Schulung über Führungsverhalten soll Absi sich melden. Zweitens: Von wegen Gefängnis. Absi ist einer von uns. Ich möchte, dass das klar ist. – So, jetzt aber zur Wache: Zwölf bis zwei: Malbrang, zwei bis vier: Masuch, ab vier mache ich die Wache selbst. Ich wecke alle um fünf. Dann schleichen wir uns zum Wirtschaftsgebäude und sind zum Frühstück bei den Herren Zugführern. Wenn uns bis dahin keiner aufgestöbert hat! Wer pinkeln will, meldet sich bei der Wache. Es wird nur im Liegen gepinkelt! Alles klar?«

Der Einsatzbefehl

Zugführer Unteroffizier Schmidt und ich haben trotz kühlem Novemberwetter unsere Uniformröcke ausgezogen und über einen Spaten gehängt. Nicht weit vom Fort XV arbeiten wir, jeder mit einer Schippe, nebeneinander an der Planierung eines Abhanges. Wenn kein Krieg wäre, würde man meinen, wir seien Bauarbeiter.

Obwohl die ganze Kompanie seit Wochen mit Schanzarbeiten beschäftigt ist, scheint mir alles um mich herum völlig unwirklich. Unwirklich ist auch, dass ein Zugführer neben mir mit der Schippe arbeitet.

»Abshagen! Träumen Sie?«

»Jawoll, Herr Unteroffizier. Träumen beim Schanzen[28] ist nicht verboten.«

Schmidt tritt seine Schippe tief in die Erde und lässt sie stecken.

»Fünf Minuten Pause!«

Auch ich unterbreche meine Arbeit, und wir richten uns auf.

---

28 Erdarbeiten an Verteidigungsanlagen

»Was haben Sie geträumt?«, fragt Schmidt mit seinem sympathischen breiten Grinsen im Gesicht.

»Ach, ich dachte an meinen Vater.«

»Mensch, Abshagen, wir haben alle mitgelitten. Es ist wunderbar, dass Ihr Vater wieder frei ist!«

Ich werde nie vergessen, was damals nach unserer Versteck-übung geschah. Unsere Gruppe wurde über den grünen Klee gelobt. Wir waren die Helden des Tages. Höfer brachte das seine vorzeitige Beförderung zum Gefreiten ein. Und Schmidts baldige Beförderung zum Feldwebel, die schon längst überfällig war, wurde angekündigt. Dann wurde scharfe Munition verteilt, und die ganze Kompanie marschierte zur nächsten Übung. Der Kompanieführer blieb zurück. Während dieses Marsches stieß ein Melder auf dem Fahrrad zu uns. Er fuhr neben Unteroffizier Schmidt, um ihm etwas mitzuteilen.

Schmidt ließ seinen Zug an sich vorbeimarschieren und rief: »Grenadier Abshagen! Raustreten!«

Ich trat aus der Truppe heraus und meldete mich: »Herr Unteroffizier?«

»Sie bleiben hier stehen und warten auf Oberleutnant Junkmann!«

Ich wartete am Straßenrand. Die Kompanie marschierte weiter. Dann tauchte der neue VW-Kübelwagen auf, Junkmann saß hinter dem Fahrer auf dem Rücksitz. Das Auto hielt neben mir. Junkmann bedeutete mir, mich zu ihm zu setzen. Er hielt ein Papier in der Hand. Ich setzte mich neben ihn, mein Gewehr senkrecht zwischen den Knien.

Ich sah zu Junkmann: »Herr Oberleutnant?«

Junkmann drehte sich zu mir um. In seinen Augen standen Tränen. Seine Hand mit dem Papier zitterte. Es war ein Telegramm.

Junkmann sagte: »Abshagen, lesen Sie dieses Telegramm. Nein! Ich lese es Ihnen vor.«

Junkmann schien sich seiner Tränen nicht zu schämen. Eine dicke Träne kullerte über seine Backe, und er wischte sie nicht weg. Er las vor:

oberkommando der wehrmacht abteilung abwehr 2 an major von tucher xx. armeekorps stop bitte teilen sie dem sohn von major a d wolfgang abshagen mit dass sein vater zu hause eingetroffen ist stop gez 1 a abwehr 2.

Junkmann gab mir das Telegramm. Nur langsam dämmerte es mir: Mein Vater war frei! Nicht mehr im Gefängnis. Offenbar freigesprochen ...

Meine Gedanken überschlugen sich.

»Abshagen«, sprach Junkmann immer noch sichtlich bewegt weiter, »ich sorge dafür, dass Sie noch mal nach Berlin fahren. Die Freilassung Ihres Vaters müssen Sie mitfeiern!«

Dann fasste er sich wieder, wischte sich die Tränen aus dem Gesicht und sagte in gewohnt förmlichem Ton: »Gefreiter Abshagen, abtreten!«

Ich stieg aus dem haltenden Fahrzeug aus, machte eine vorschriftsmäßige Ehrenbezeigung und rannte im Laufschritt der Kompanie hinterher.

»Ja, das Erlebnis war unbeschreiblich«, sage ich zu Schmidt, »aber, Sie werden es nicht glauben: Es ist alles so weit weg.«

»Was heißt das?«

»Jetzt! Das Jetzt, Herr Unteroffizier. Warum sind Höfer und ich nicht schon längst Zugführer? Und warum nicht an der Front? Was macht eine Elitetruppe in der Etappe? Währenddessen rücken die Russen vor. Ich verstehe die Welt nicht mehr! Wir kämpfen nicht, wir schanzen!«

»Absi«, sagt Schmidt freundschaftlich. Bisher hat er meinen ungeliebten Spitznamen nicht benutzt. »Sie sind immer so grundsätzlich. Die Armeeführung wird sich schon was dabei gedacht haben. Ich denke, in Kürze kommt der Einsatzbefehl. Entweder werdet ihr als Einzelkämpfer gegen Partisanen eingesetzt, oder ihr werdet Unterführer. Oder wir bleiben alle zusammen, dann werden wir die Speerspitze für einen Gegenangriff.«

Schmidt und ich greifen wieder zu unseren Schippen und planieren das Schussfeld für eine 8,8-cm-Kanone. Die 8,8 gibt es aber noch gar nicht. Und vielleicht wird es sie auch nie geben.

Es ist mir wirklich ein Rätsel. Unsere Kampfkraft, unser Optimismus, das alles liegt hier brach! Stattdessen wird darüber gesprochen, wie wir Weihnachten feiern wollen. In unserem Fort. Grotesk!

Ich bewundere die Ruhe und Ausgeglichenheit von Oberleutnant Junkmann. Und dass er Anteil nimmt am Schicksal meines Vaters.

Wie ein Film, den ich früher mal gesehen habe, läuft meine zweite Reise nach Berlin vor meinem inneren Auge ab. Väti und ich umarmen uns lange. Ich halte mich an ihm fest. Dabei muss ich heulen.

Dann Abendessen mit Väti und Onkel Heinz im Hotel »Russischer Hof«. Es gibt eine Flasche Bordeaux aus dem Geburtsjahr von Väti, 1897. Schmeckt mir überhaupt nicht. Die beiden Erwachsenen unterhalten sich ununterbrochen und merken noch nicht mal, dass ich inzwischen Gefreiter geworden bin. Ich komme praktisch nicht zu Wort.

Danach gibt es ein kurzes Treffen mit Mami und Ilse, anschließend hole ich irgendeine Sendung beim Heereswaffenamt ab und trete die Rückreise an.

Was mich schmerzte: Rose kam nicht nach Berlin. Ihr Vater ist zum Volkssturm[29] eingezogen worden. Deshalb arbeitete sie auf dem Hof der Eltern und war unabkömmlich. Ich habe mit ihr telefoniert. Hätte ich nicht tun sollen. Am liebsten hätte ich ihr gesagt, dass ich pausenlos an sie denke, dass ich Sehnsucht nach ihr habe, dass ich ganz verrückt nach ihr bin, dass ich sie liebe. Ja, ich liebe Rose!

Hab mich wieder nicht getraut, es ihr zu sagen. Hab nur rumgestottert. Auch sie war einsilbig. Sie erwähnte nur wieder das zweite Reitpferd. Und sie würde auf mich warten.

»Herr Unteroffizier, noch mal fünf Minuten Pause?«, frage ich Schmidt.

»Nee. Da hinten kommt Junkmann!«, sagt Schmidt und schaufelt weiter.

»Speerspitze. Da möchte ich dabei sein!«

»Das können Sie gleich unserem Oberleutnant erzählen.«

Junkmann geht von Gruppe zu Gruppe, seine Soldaten sind weit über das Gelände verteilt. Die ganze Kompanie ist seit Wochen damit beschäftigt, das Schussfeld rings um

---

29 1944 wurden alle bisher nicht eingezogenen wehrfähigen Männer im Alter zwischen 16 und 60 Jahren in den Volkssturm rekrutiert.

Thorn zu »entrümpeln«. Jetzt ist er gleich bei uns beiden angelangt, macht aber vorher Zeichen, dass er keine förmliche Meldung wünscht. Also schippen wir weiter.

»Unteroffizier Schmidt«, sagt Junkmann, »lassen Sie Abshagen mal mit mir gehen.«

Ich lasse meine Schippe stecken, melde mich bei Schmidt ab und gehe, wenn auch ohne Uniformrock, respektvoll an der linken Seite von Junkmann.

»Herr Oberleutnant?«

Junkmann steuert eine kleine Anhöhe an, und wir setzen uns dort nebeneinander. Wir haben einen wunderschönen Blick über die Weichsel auf die Stadt.

»Ich kenne keine Stadt mit einem so harmonischen Stadtbild«, sagt Junkmann.

Die Gespräche über meinen Vater haben ein fast privates Verhältnis zwischen dem Kompanieführer und mir entstehen lassen.

»Thorn erinnert mich an Stralsund«, erwidere ich, »die Stadt meiner Eltern. Der Blick von Altefähr nach Stralsund – auch so ein Stadtbild. Thorn ist fast noch schöner.«

»Was macht Ihr Vater jetzt?«

»Ich bin sicher, er erholt sich zu Hause. Moabit war bestimmt hart. Im OKW darf er nicht mehr arbeiten.«

»Ist das endgültig?«

»Ich glaube, ja. Er findet bestimmt irgendwo anders Arbeit. Entweder beim Militär oder als Kaufmann. Ich habe meinen Vater gefragt, ob er mich hier in Thorn besuchen kommt.«

»Dass er eine Reiseerlaubnis bekommt, da habe ich meine Zweifel«, entgegnet Junkmann.

Er fährt fort: »Die Freilassung Ihres Vaters – ich kann

mir gut vorstellen, dass Ihre Besuche bei Müller und in Moabit etwas damit zu tun haben.«

»Das kann ich mir nicht vorstellen«, antworte ich.

Wir schweigen eine Weile. Dann nehme ich meinen ganzen Mut zusammen. Schon lange will ich Junkmann fragen. Jetzt platzt es aus mir heraus:

»Herr Oberleutnant, stimmt das mit den Juden und den Lagern?« Mir stockt der Atem. Junkmann fährt zu mir herum: »Abshagen, sehen Sie mich an!« Ich sehe in seine wässrig-hellblauen Augen hinter den dicken Brillengläsern.

»Abshagen, Sie haben mir diese Frage nicht gestellt! Ist das klar?«

»Klar, Herr Oberleutnant.«

»Nein. So geht das nicht. Sie versprechen mir, dass Sie diese Frage nie gestellt haben.«

»Ich verspreche Ihnen: Ich habe diese Frage nie gestellt, Herr Oberleutnant.«

»Nicht Herr Oberleutnant. Ich heiße Junkmann.«

»Ich habe Ihnen die Frage nie gestellt, Herr O ..., Herr Junkmann!«

Mir scheint, ich sollte mich jetzt wieder zum Schanzen verabschieden. »Bleiben Sie noch«, sagt Junkmann, der meine Gedanken errät. »Die Gruppe um Höfer und Sie. Ich mag die.«

»Ich auch, Herr Oberleutnant, sehr.«

Wir schweigen erneut. Dann fragt Junkmann: »Haben Sie eine Freundin?«

»Ja.«

»Wo?«

»In der Uckermark. Auf einem Gut.«

»Und?«

»Ich hab dauernd nur sie im Kopf. Aber ich weiß nicht, ob sie auch so viel an mich denkt.«

»Abshagen, wenn Sie älter sind, wenn Sie erwachsen sind, dann – das Schönste im Leben, das sind die unerfüllten Träume.«

Da höre ich Schritte hinter uns und drehe mich um. Unteroffizier Schmidt kommt im Laufschritt auf uns zu. Junkmann wird zum Chef gerufen.

Ich arbeite mit Schmidt zusammen weiter und ärgere mich, dass ich Junkmann nicht nach seiner Einschätzung über unseren Einsatz gefragt habe. Ich hätte ihm dazu auch meine Meinung sagen sollen: Es ist doch Schwachsinn, hier Zeit mit Schanzarbeiten zu verbringen anstatt zu kämpfen!

Dabei fällt mir Onkel Kurd ein, einer der älteren Brüder meines Vaters, der Lebenskünstler in unserer Familie. Ein Dandy. Als Besitzer einer Lack- und Farbenfabrik in Riga fuhr er mit einem Horch-8-Zylinder und Chauffeur durch die Straßen. Bei ihm fanden Hauskonzerte statt, und seine Frau, Tante Charlotte, stand am Flügel und sang. Alle mussten dabei still sein und zuhören. Für Onkel Kurd war es ganz selbstverständlich, dass man in diesem Stil lebte.

Zwei Jahre später waren Fabrik und sein Vermögen futsch, er zog mit seiner Frau nach Berlin-Kreuzberg und lebte fortan in mehr als bescheidenen Verhältnissen. Seine Firma in Kreuzberg hieß Lusk & Holz. Keiner wusste, was diese Firma tat und ob außer Onkel Kurd noch jemand dort beschäftigt war.

Mein Onkel hatte sich nach seiner Pleite überhaupt nicht verändert. Wie früher trug er einen eng geschnittenen Mantel mit Pelzkragen und darunter einen weißen Seidenschal.

Er guckte spöttisch auf diejenigen herab, die so töricht waren, in Berlin bei dem dichten Verkehr von Fuhrwerken und Kraftfahrzeugen auf den Straßen mit dem Auto zu fahren. Bus, U-Bahn und S-Bahn waren doch schneller und bequemer! Er machte einfach aus jeder Situation das Beste.

Eine solche Haltung brauche ich jetzt beim Schanzen in Thorn.

Kaum sind wir vom Schanzen zurück im Fort und genießen unsere Freizeit auf Stube, da geht die Sirene los – kurz, kurz, kurz, Pause, kurz, kurz, kurz, Pause –, es dröhnt durch alle Räume. Das Signal heißt: Sofortiger Abmarsch in voller Gefechtsausrüstung.

Die Zugführer laufen von Stube zu Stube und rufen: »Abmarsch in einer halben Stunde! Alle Privatsachen bleiben hier!«

Das gab's bisher noch nie! Jetzt ist der Teufel los. Also wohl keine Übung. Jetzt erhalten wir bestimmt den Einsatzbefehl. Endlich! Überall im Fort bricht größte Hektik aus. Höfer brüllt: »Als Erstes an die Waffen denken!«

Meine Gedanken überschlagen sich:

Mein Karabiner ist versorgt.

Welche Fotos soll ich mitnehmen? Natürlich das von Rose.

Zwei Schuhbürsten? Eine reicht.

Alle Bücher bleiben da. Nein, der kleine Band Platon. Der passt noch in den Tornister.

Die wunderbare Marmelade von Tante Else. Die muss dableiben. Scheiße!

Rose hat gesagt, sie wartet auf mich. Warum habe ich nicht früher daran gedacht? Das bedeutet doch, dass sie mich mag. Vielleicht sogar mehr! Ja, es bedeutet mehr. Bestimmt! Ich Trottel hab das nicht gemerkt. Ich muss mit einem Mal schlucken.

Gaida hockt neben mir auf dem Fußboden und zieht den Verschlussriemen seines Tornisters fest. Dabei sieht er zu mir hoch, er ruft: »Sag mal, Absi, flennst du?«

»Kümmer du dich um deinen Tornister! Ich kümmere mich um meinen. Klar?«

Die HDV, die Heeresdienstvorschrift, die bleibt natürlich hier. Wo ist meine Erkennungsmarke? Verdammt!

Mein Soldbuch

Ach, ich habe sie ja um den Hals! Na, also. Alle Briefe von zu Hause bleiben hier bis auf den Brief von Rose. Jedes Wort weiß ich auswendig. Ich stecke ihn in mein Soldbuch. Am schwersten trenne ich mich von meiner Schlafjacke. Dafür ist im Sturmgepäck kein Platz. Und die Seifendose? Endlich hatte Mami sie mir geschickt. Die bleibt jetzt auch hier.

Ob Väti erfährt, wohin unser Einsatz geht?

Auf dem Gang grölen plötzlich die Unteroffiziere: »Kompanie raustreten!«

Jetzt wird's ernst.

Höfer ruft: »Absi, hast du alles?«

»Ja. Du auch?«

Ich greife meinen Tornister, auf dem Flur meinen Karabiner mit dem Zielfernrohr und stürme mit meinen Kameraden zum Ausgang.

Wir werden es den Sowjets zeigen! Bei uns kommen sie nicht durch. Nie!

T 34

»Muss das sein? Mitten in der Scheiße?«

»In dieser Scheiße sucht uns kein Mensch!«, antworte ich Gaida.

Gaida und ich haben den Kontakt zu den anderen deutschen Soldaten verloren. Die Front ist über uns hinweggerollt. Dass es uns dabei nicht erwischt hat, grenzt an ein Wunder.

Wir haben mitten im Kampfgebiet nicht weit von Thorn ein einsames Gehöft erreicht. Natürlich ist da kein Mensch drin. Dahinter erstreckt sich in Richtung Osten eine große Wiese, alles schneebedeckt, und weiter dahinter ein Wald. Aus der Ferne hören wir nach wie vor Schusswechsel, nicht nur von Gewehren und Maschinengewehren, auch von Kanonen. Das sind Panzer, bestimmt sowjetische. Also T-34er. Von deutschen Panzern haben wir nichts gehört.

Gaida will sich mit mir im Gehöft verstecken.

»Wenn die Russen hier sind, die durchkämmen sofort das Haus«, widerspreche ich ihm. »Dann sind wir dran. Die legen uns um! Komm! Wir buddeln uns ein. In den Misthaufen! Im Mist sucht uns kein Mensch!«

»Ich guck mal, ob man was erkennen kann!«, sagt Gaida

und nimmt seinen Stahlhelm ab. Er will über den Misthaufen in den Wald sehen. Ich reiße ihn zurück. »Bist du verrückt? Die werden mit Ferngläsern das Gehöft absuchen. Wenn dein Kopf zu sehen ist, dann Gute Nacht!«

Genau in diesem Augenblick fällt ein Teil vom Dach des Hauses weg, zusammen mit einem Stück Mauer. Und gleich darauf ertönt der ohrenbetäubende Knall des Abschusses. Ein T 34 hat das Haus beschossen!

»Der T 34 ist gleich hier!«, sage ich hastig zu Gaida. »Der sieht uns nicht! Der fährt bestimmt vorbei. Aber dann kommen die Infanteristen. Los, wir buddeln uns ein!«

Niemals hätte ich mir vorstellen können, dass ich mich einmal in einen Misthaufen aus klebriger Kuhscheiße eingraben würde. Und das auch noch in Uniform! Der unbeschreibliche Gestank des Mistes – ich empfinde ihn jetzt als Segen. Ich weiß, hier wird uns kein sowjetischer Soldat suchen. Und genau so ist es.

»Beweg dich nicht! Atme langsam! Der Misthaufen darf sich oben nicht bewegen!«, flüstere ich Gaida zu, nachdem wir uns in dem Misthaufen zurechtgerüttelt haben.

Plötzlich hören wir russische Laute. Irgendeiner ruft so was wie »Dawai! Dawai!«Eine andere Stimme erwidert etwas. Natürlich verstehen wir kein Wort. Dann ruft einer »Njet!«. Nein – das ist das einzige russische Wort, das ich kenne.

Offenbar haben die Russen niemanden im Haus gefunden. Bald ist es still. Die Soldaten sind weitergezogen. Es wird jetzt dunkel. Gleich ist es Nacht. Das wird unsere Zeit. Gaida und ich wollen nach Westen. Wir wollen wieder die Front erreichen. Uns auf die deutsche Seite durchschlagen.

Doch zur Sicherheit beschließen wir, noch mindestens eine Stunde im Misthaufen versteckt zu bleiben.

Ich weiß genau, an was Gaida jetzt denkt. Er denkt an Gerda aus Deutsch Krone. Die Beine von Gerda waren Gesprächsthema in unserer Kompanie, schließlich waren alle in das Mädchen verknallt. Und Gaida war der Gewinner. Keiner hatte ihm das zugetraut. Als wir in Thorn waren, hat er jeden Tag nach Deutsch Krone geschrieben und jeden Tag von dort Post erhalten. Beneidenswert!

Meine Gedanken sind bei Rose. An nichts anderes will ich denken. Mir war noch nie so klar: Wenn ich aus dem Krieg zurückkomme, dann werden Rose und ich ein Paar. Ja, Mann und Frau! Ich traue mich plötzlich, Rose in die Augen zu sehen, weiche ihrem Blick nicht mehr aus. Ich weiß, es gibt nichts Schöneres. Doch! Es gibt doch noch etwas Schöneres. Rose schließt ihre Augen, ihre Hände umfassen meinen Kopf, ich spüre ihren Atem und ich weiß: Dies ist das größte Glück in meinem Leben. Plötzlich sind Tränen in meinen Augen. Ich will ihr sagen, dass sie und ich …

»Absi!« flüstert Gaida. »Es ist Nacht! Los! Raus aus der Scheiße.«

Es dauert einen Moment, bis ich mich wieder gefasst habe. Doch dann kriechen wir beide raus aus dem Misthaufen. Als Erstes kümmern wir uns um unsere Waffen. Dann versuchen wir, uns im Dunkeln mit Schnee sauber zu machen. Das wird natürlich nichts. Wo ist der Polarstern? Da ist auch der Große Wagen! Und da, links davon, ist also Westen! So beginnt unser Marsch in die Nacht. Unsere Klamotten stinken. Doch der Kuhmist hat uns das Leben gerettet. Nur das zählt.

Was sich in den letzten zwei Tagen ereignet hat, ist völlig unvorstellbar. An den Geschützdonner, den wir in Thorn aus weiter Ferne hörten, hatten wir uns fast schon gewöhnt. Plötzlich aber war alles laut und mit einem Mal ganz nahe bei unserem Fort. Oberleutnant Junkmann sagte uns, die Russen seien am Fort vorbeigezogen, ohne es anzugreifen. Die Front hatte uns also überrollt. Wir seien jetzt bereits hinter der Front. Er befahl die Auflösung der Kompanie in kleine Gruppen. Die Gruppen sollten allein versuchen, die Front wieder zu erreichen. Gaida und ich wurden eingeteilt in die Gruppe von Unteroffizier Schmidt. Höfer war woanders. Unsere Gruppe bestand aus Schmidt und zehn Mann.

Schmidt sagte: »Von Tucher ist abgehauen!«

»Abgehauen?«

»Ja. Der Herr Major wurde zum Regimentsstab beordert. Sagte er. Er kletterte in einen deutschen Panzer. Typ Tiger. Der einzige deutsche Panzer, der mit einem Mal da war. Und weg war von Tucher.«

Schmidt meldete seine Gruppe vorschriftsmäßig bei Junkmann ab. Zu uns sagte er: »Wer seine Gasmaske wegwerfen will, kann das tun.« Alle warfen sofort ihre Gasmasken weg. Wir wussten, dass wir sie nicht brauchen würden. »Handgranaten genauso!« Einige warfen Handgranaten weg, einige nicht.

Schmidt marschierte mit unserer Zehn-Mann-Gruppe aus dem Fort heraus in Richtung Westen. Der Schnee dämpfte das Geräusch unserer Schritte. Als wir Panzergeräusche hörten, wichen wir auf ein Feld aus, in dem hier und da einige Büsche standen. Plötzlich ging ein Maschinengewehrfeuer los. Die Kugeln flogen uns um die Ohren. Alle gingen in Deckung, ich verbarg mich unter einem Busch. Im Liegen leckte ich etwas von dem weißen, unberührten Schnee. Schmidt rief: »Ein russisches MG vor uns. Etwa zweihundert Meter. Vorne in der Delle! Seht ihr's? Wir nehmen es im Sturm! Alles klar?«

Wie oft hatten wir Sturmangriff geübt. Man springt nach dem Kommando »Sprung auf!«los, das Gewehr in Hüfthöhe, natürlich entsichert, man stürmt und schießt während des Laufens aus der Hüfte. Das wichtigste beim Sturmangriff ist das Brüllen: Es muss dauernd »Hurra!« gebrüllt werden – das soll dem Gegner Angst und Schrecken einjagen und einem selbst Mut machen.

»Fertig?«, rief Schmidt.

Wir antworteten einstimmig: »Fertig!«

Sofort folgte das Kommando »Sprung auf!«Trotz des Geratters des russischen Maschinengewehrs sprangen alle mit lautem Gebrüll auf. Bis auf mich. Ich blieb liegen.

Ich will nicht erschossen werden. Ich will nicht tot sein. Ich bin also ein Feigling. Ich bin ein Versager, ein Angsthase. – Ein Feigling? Nein! Das darf nicht sein!

Jetzt sprang ich auch auf. Meine Kameraden waren schon viele Schritte vor mir. Alle schossen im Laufen. Ich versuchte sie einzuholen. Plötzlich brach einer vor mir zusammen. War das Gaida? Ich lief schneller, bis ich schließlich fast auf gleicher Höhe mit meinen Kameraden war. Jetzt brüllte auch ich unseren Schlachtruf. Und schoss aus der Hüfte wie ein Verrückter, so wie wir das gelernt hatten. Wir erreichten das russische MG-Nest. Das Nest war leer. Die Sowjets hatten gerade noch abhauen können.

Schmidt rief uns zusammen: »Ich löse unsere Gruppe

auf! Ich kümmere mich um Bandow. Den haben wir verloren. Jeder von euch muss jetzt allein entscheiden. Versucht Anschluss zu finden an die Front. Ihr schafft es einzeln eher als in 'ner Gruppe! Also: Bis bald zu Hause!«

Schmidt gab jedem von uns die Hand. Ich schaute Schmidt in die Augen. Ich wusste, was wir beide jetzt dachten: Ob wir uns jemals lebend wiedersehen? Wir waren bewegt.

Gaida und ich beschlossen: Wir beide bleiben weiter zusammen. In der Nacht stapften wir durch den Schnee in Richtung Westen.

Und nun, nach unserem Abenteuer in dem Gehöft, befinden wir uns wieder auf dem Weg ins Ungewisse.

Im Dreieck

»Das schaffen wir nie!«

»Red nicht so'n Quatsch!«, sage ich zu Gaida. »Wenn wir's wollen, dann schaffen wir's!«

Gaida und ich haben uns mitten in einem Wald zu einer kurzen Pause in einer Lichtung hingesetzt. Unser großes Glück: Gaida hat eine kleine Taschenlampe, ich einen Kompass. Wir machen unsere nächtlichen Märsche genau in Richtung Westen. Wir vermeiden jeden Ort, jedes Haus. Wir wollen niemandem begegnen.

»Ich hab Hunger!«

»Das ist das Letzte, woran wir jetzt denken sollten!«, antworte ich. »Dann hungern wir eben ein paar Tage! Und zu trinken gibt's genug. Schnee! Ich bin sicher, uns fällt bald ein, wie wir es machen können, wie wir durch die Front hindurchkommen. Auf die deutsche Seite!«

Es ist nachts um drei. Wir stapfen weiter. Geschützdonner und gelegentliches Schießen mit Maschinengewehren von außerhalb des Waldes hören wir auch nachts. Wir haben uns daran gewöhnt, es ist nichts Besonderes mehr. Plötzlich hören wir ganz in der Nähe Schritte im Schnee. Lautlos bleiben wir stehen und rühren uns nicht. Die Schritte kommen näher. In der dunstigen Luft erkennen wir schließlich: Es ist ein deutscher Soldat. Einer von uns! Wir verständigen uns geräuschlos mit Zeichen und sind nun zu dritt. Bald treffen wir auf einen weiteren deutschen Flüchtling. Gaida und ich suchen uns für diese Nacht kein Versteck. Wir gehen mit den beiden anderen mit.

Als der Morgen graut, stapfen wir einfach weiter. Plötzlich taucht eine völlig unerwartete Szenerie vor uns auf: Hinter einem hohen Bahndamm sind viele deutsche Soldaten versammelt, mindestens zweihundert. Alle warten auf irgendetwas. Mitten in der Menge der dicht gedrängt stehenden Soldaten erkenne ich ein gesatteltes Pferd. Einen Fuchs. Sieht aus wie Roses Fuchsstute. Ich dränge mich zusammen mit Gaida zu ihm hin. Er wird von einem Soldaten der Luftwaffe gehalten.

»Seit wann ist die Luftwaffe beritten?«, frage ich ihn.

»Keine Ahnung, wem das Pferd gehört. Ich halte es nur fest.«

»Das gehört einem Offizier. Wo ist der?«

»Vielleicht gefallen. Ich hab schon überall gefragt. Keiner weiß was.«

»Lass mich mal!«, sage ich zu dem Luftwaffengefreiten und nehme ihm die Zügel aus der Hand: Der Fuchs schnaubt mich an. Ich werte das als ein Zeichen; sicher spürt das Tier, dass ich mit Pferden vertraut bin. »Absi, das ist was für dich!«, grinst Gaida.

»Sag mal, was macht ein Luftwaffengefreiter beim Heer?«

»In jeder Festung ist immer ein Nachrichtenmann von der Luftwaffe. In Thorn war ich das.«

Gaida mischt sich ein: »Was ist hier eigentlich los?«

»Die Russen sorgen dafür, dass versprengte Deutsche sich hier sammeln«, sagt der Gefreite. »Hinterm Bahndamm liegen Scharfschützen. Da kann keiner rüberklettern. Die Wiese da drüben bestreicht ein russisches MG. Schweres MG. Und da links, da, wo der kleine Fluss zu sehen ist, dahin wird dauernd mit einer Stalinorgel geschossen. Wer hier in diesem Dreieck drin ist, kommt nicht mehr raus. Da vorne liegen auch Tote. Deutsche. Alle hier wandern in Gefangenschaft. Die Russen holen uns noch heute. Oder sie sprengen uns alle in die Luft.«

Ich denke sofort an Karl May. In einem seiner Bücher mit Winnetou und Old Shatterhand ist es einem von beiden einmal gelungen, durch feindliches Gewehrfeuer zu entkommen, indem er sich auf einer Seite seines Pferdes heruntergelassen hat, sodass das Pferd ihn vor tödlichen Schüssen retten konnte. Das kann ich doch auch! Auf der Wiese kann nur von rechts geschossen werden. Ich muss mich also auf der linken Seite des Pferdes herunterlassen. Ich mache den linken Steigbügel ganz lang.

Zu Gaida sage ich: »Ich haue jetzt ab! Such du dir 'ne Gruppe und sieh zu, dass du auch verschwindest! Wir lassen uns hier doch nicht von den Russen abholen!«

Ich warte keine Antwort ab. Das Pferd folgt mir, als ob es mir gehörte. An der Grenze zur Wiese springe ich in den Sattel. Aus dem Stand gelingt mir ein Galopp auf die Wiese, als ob ich das mit diesem Pferd x-mal geübt hätte; wir fliegen förmlich dahin –, bis uns plötzlich Schüsse um die Ohren peitschen. Scharfe Schüsse, nur wenige Zentimeter an uns vorbei – das möchte ich in meinem Leben kein zweites Mal erleben. Der Fuchs bäumt sich auf, will mich abschütteln, dreht während des Aufbäumens um und galoppiert zurück in das Dreieck. Ich kann mich gerade noch im Sattel halten, bis ich wieder unter den vielen wartenden Soldaten angekommen bin, Gott sei Dank unverletzt.

Der Versuch ist also misslungen. Ich streichele den Hals des Pferdes. Wahrscheinlich hat es mir das Leben gerettet. Ich lockere den Sattelgurt und überlasse es seinem Schicksal. Aber ich will nach wie vor raus aus dem Dreieck, und zwar so schnell wie möglich! Ich will nicht abwarten, bis die Russen hier einziehen und dann vielleicht reihenweise die Deutschen erschießen.

Da sehe ich auf der Erde ein von einem Soldaten abgelegtes Schneehemd liegen. Genau das brauche ich! Wenn ich damit im Schnee in Deckung gehe, kann man mich kaum ausmachen. Ich denke über eine neue Möglichkeit nach, aus dem Dreieck zu entkommen. Über den kleinen Fluss. Dort, wo die Stalinorgel die Flucht der Deutschen verhindert.

Ich weiß sofort, wie ich das mache. Die Stalinorgel hat achtzehn Schuss, dann muss nachgeladen werden. Das dauert mindestens fünf Minuten. In der Zeit habe ich den kleinen Fluss durchquert.

Mein Fluchtversuch mit dem Pferd hat natürlich die Aufmerksamkeit der vielen eingeschlossenen Soldaten geweckt. Als ich mir das Schneehemd überziehe, kommt ein ganz junger Soldat, er muss jünger sein als ich, vielleicht sechzehn, auf mich zu. Er siezt mich:

»Nehmen Sie mich mit? Meinen Freund Ralf auch?« Die Jungen sehen, dass ich ausbrechen will.

Einer fragt: »Wie wollen Sie rauskommen?«

»Bei der Stalinorgel«, antworte ich. »Die hat ab und zu

'ne Feuerpause. Weil nachgeladen werden muss. Dann durch den Bach! Wer kommt mit?«

Es bildet sich eine Gruppe von sechs ganz jungen Soldaten. Alle haben sich Schneehemden besorgt. Wir nähern uns dem Bach, in dessen unmittelbarer Umgebung dauernd Geschosse der Stalinorgel einschlagen. Ich zähle mit. Jetzt sind es vierzehn, gleich sechzehn, dann achtzehn Schuss.

In dem Augenblick rufe ich: »Sprung auf!«

Wir stürmen wie die Verrückten auf den Bach zu. Ich gehe als Erster ins Wasser. Eiskalt! Ich halte mein Gewehr und meine 7.65er-Pistole hoch über meinem Kopf, das Wasser geht mir fast bis zur Brust. Wir schaffen es alle, den Bach zu durchqueren. Unsere Waffen bleiben trocken und einsatzbereit. So schnell wir können, stürmen wir weiter in Richtung Wald.

Es scheint, wir haben es geschafft. Wir sind raus aus dem Kessel! Keiner von uns wurde verletzt. Doch dann bleiben wir wie versteinert stehen. Vor uns – wie aus dem Nichts – steht eine ganze Reihe sowjetischer Soldaten, ihre Kalaschnikows auf uns gerichtet. Keine Chance, in Deckung zu gehen. Mir stockt der Atem.

Einer meiner Jungs wirft sein Gewehr weg und ruft: »Wir ergeben uns!«

Alle stehen mit erhobenen Händen da, auch ich; dabei nehme ich wie gewohnt mein Gewehr mit hoch.

»Schmeiß deine Knarre weg!«, brüllt mein Nachbar.

Sofort lasse ich das Gewehr fallen, dabei sehe ich, wie gerade einer der Rotarmisten auf mich zielt. Wir gehen mit erhobenen Armen auf die Rotarmisten zu. Jeder von uns wird von einem Sowjetsoldaten nach Waffen abgetastet.

Wir müssen unsere Schneehemden wegwerfen. Ich kann's nicht unterdrücken: Ich heule wie ein Schlosshund. Meine Kameraden haben längst zuvor ihre Orden, soweit sie welche hatten, abgemacht und weggeworfen. Nur ich habe versäumt, mein Ordensband des »Kriegsverdienstkreuzes mit Schwertern« abzureißen. Der mich abtastende Rotarmist entdeckt unter meinem Mantel mein Ordensband am Jackett. Darauf ruft er etwas nach hinten.

»Du wirst umgelegt! Dein blöder Orden!«, zischt einer meiner Jungs.

Der Rotarmist führt mich zu seinem Offizier und erstattet Meldung. Ich verstehe nur das Wort »Kapitan«, das muss »Hauptmann« bedeuten. Als ich vor dem Hauptmann stehe, sehe ich in ein schmales, sympathisches Gesicht, darüber eine flache, runde Pelzmütze, die, wie ich später erfahre, nur von Kosakenoffizieren getragen wird. Ich bin mir sicher, dass ich jetzt erschossen werde. Wegen meines Ordens.

Einen letzten Gedanken will ich noch fassen. In diesen Sekunden denke ich an Rose. Rose erwidert meinen Blick. Ein langer Blick, er darf mich nicht verlassen, ich halte mich an ihm fest. Und plötzlich ist mir ganz leicht zumute.

Was jetzt passiert, ist so unwahrscheinlich, dass – wenn ich weiter leben sollte und das später einmal erzählen kann – mir kein Mensch glauben wird: Der Kapitan spricht mich auf Deutsch an. Und das, wo doch von zehntausend russischen Soldaten höchstens einer Deutsch kann!

»Wofür haben Sie das bekommen?«, fragt er und zeigt auf mein Ordensband.

»Für den Abschuss eines englischen Bombers. Ich war in Berlin bei der Fliegerabwehr.«

»Was für ein Bomber?«

»Eine Lancaster.«

»Die wollten wir auch haben! Haben uns die Engländer nicht geliefert. – Aber machen Sie Ihr Band ab! Sonst gibt's bei uns Probleme.«

Ich reiße das Band von meinem Waffenrock ab und stecke es in die Tasche.

»Nein! Nicht einstecken! Weg damit!«

Ich werfe das Band weg und sage: »Jawohl, Herr Kapitan!«

»Was ist das?«, fragt der Kapitan und zeigt auf die schmale Silberlitze auf meinen Schulterklappen.

»Ich bin Offiziersanwärter, Herr Kapitan«, antworte ich.

»Sie *waren* Offiziersanwärter!«, sagt der Kapitan.

Er ruft etwas zu seinen Soldaten, offenbar einen Befehl. Meine gefangenen Kameraden werden abgeführt. Wohin, weiß ich nicht.

Zu mir sagt der Kapitan: »Sie bleiben bei mir!«

»Jawoll, Kapitan!«, antworte ich und stelle mich hinter ihm auf.

So werde ich aufgrund eines glücklichen Zufalls zum »Burschen« des Kosakenoffiziers. Er unterhält sich gerne mit mir, weil in seiner Familie auch Deutsch gesprochen wurde. Doch diesen Sonderstatus als Gefangener behalte ich nur für kurze Zeit. Als wir zwei Tage später den Weg ins Gefangenenlager antreten, muss ich mich wieder in die Masse der übrigen Gefangenen einreihen.

Gefangen

Seit Stunden marschiere ich im Schnee. Das Wetter ist diesig. Ich kenne keinen Nebenmann, keinen Vordermann, keinen Hintermann. Alle sind entwaffnete deutsche Soldaten. Keiner von uns spricht ein Wort. Wir marschieren in Viererreihen. In der deutschen Wochenschau hatte ich das schon mal gesehen: Bei den Sowjets wird nicht in Dreierreihen marschiert wie bei uns, sondern in Viererreihen.

Den Anfang unserer Marschkolonne kann ich nicht sehen. Es sind Hunderte von Gefangenen. Rechts und links von uns marschiert etwa alle zwanzig Meter jeweils ein sowjetischer Soldat mit Gewehr in der Hand und aufgepflanztem Bajonett. Aus dem Stand der Sonne schließe ich, dass wir nicht nach Osten marschieren, sondern nach Westen. Also weiter nach Deutschland hinein, nicht Richtung Russland. Demnach ist die Front schon viel weiter im Westen.

Ich strenge mich an beim Marschieren. Ich will nicht schlapp machen, sonst werde ich sicher gleich erschossen. Ab und zu höre ich hinter unserer Marschkolonne ein paar Schüsse. Vielleicht konnte da jemand nicht mehr laufen. Ich traue mich nicht, mich umzusehen.

Keiner weiß, wohin unser Marsch geht. Alle sind viel zu angestrengt, um überhaupt etwas zu denken. In der Reihe vor mir, rechts außen, marschiert einer, der in seiner deutschen Uniform irgendwie fremdländisch aussieht. So stelle ich mir einen Araber vor. Plötzlich ruft der Araber dem neben uns patrouillierenden Rotarmisten etwas auf Russisch zu. Der antwortet nur kurz. Als nach einiger Zeit ein Offizier an unserer Marschkolonne vorbeireitet, teilt ihm der Rotarmist etwas mit. Daraufhin winkt der Offizier den Araber aus der Kolonne heraus zu sich her. Nach einem ganz kurzen Wortwechsel zwischen den beiden wird der Araber vom Offizier durch einen Kopfschuss hingerichtet.

Keiner wagt, auch nur ein Wort zu sprechen. Schließlich kommt unsere Kolonne zum Stehen. Wir sehen vor uns einen Fluss. Das ist die Weichsel. Die Kolonne bewegt sich schrittweise auf eine Stahlbrücke zu, die zerstört im Fluss liegt. Über die aus dem Wasser ragenden Brückenteile sind Holzbohlen gelegt. Darüber soll unsere Kolonne balancieren, um an das andere Ufer zu kommen. Also weiter Richtung Westen!
Jetzt traue ich mich endlich, mich umzusehen. Unter den hinter mir aufgereihten Gefangenen fällt mir doch jemand auf, den ich kenne: der Luftwaffengefreite. Mit seiner hageren Gestalt überragt er alle anderen. Unsere Blicke treffen aufeinander, aber wir wagen nicht, uns etwas zuzurufen.
Schließlich bin ich dran für die Brücke. Vor mir balancieren zwei deutsche Soldaten, hinter mir ein Rotarmist. Bald sind wir auf einer Holzbohle in schwindelnder Höhe über der Mitte des Flusses. Weit unter uns Treibeis. Mit einem Mal springt vor mir einer der Gefangenen ins Wasser. Er

verschwindet zwischen den Eisschollen. Das ist Selbstmord! Als gleich darauf einige unserer Bewacher auf den Soldaten feuern, ist er ist schon nicht mehr zu sehen.

Plötzlich spüre ich die Waffe des hinter mir balancierenden Rotarmisten in meinem Rücken. Gleich wird er abdrücken, als »Vergeltung« für den Selbstmord des Soldaten! Halb starr vor Angst balanciere ich weiter. Aber mein Hintermann drückt nicht ab, und ich erreiche unversehrt das Ufer.

Dort empfängt mich ein mongolisch aussehender Rotarmist mit einem breiten Grinsen: »Hitler bald kaputt!«, sagt er, »du bald zu Hause!«

Unsere Kolonne marschiert auf das Gelände einer Fabrik. Ein paar Hundert Gefangene, darunter auch ich, werden in ein Verwaltungsgebäude getrieben. Das Kommando lautet: Jeder kann übernachten, wo er will. Wer das Gebäude verlässt, wird erschossen. Ich stöbere durch verschiedene verlassene Büroräume. Und was finde ich? Landkarten! Unmengen von Landkarten. Offenbar wurden die hier hergestellt. Beim Herumstöbern finde ich eine Karte von ganz Asien und eine von dem Gebiet zwischen Stralsund und Warschau. Beide falte ich sorgfältig zusammen und stecke sie in meine Unterhose – vielleicht kann ich sie ja mal gebrauchen.

Als ich den Büroraum verlassen will, stoße ich auf ein bekanntes Gesicht: der Luftwaffengefreite! »Wo in aller Welt kommst du denn her?«, frage ich ihn. » Nein – sag erst deinen Namen!«

»Ich heiße Müller. Horst Müller. Und du?«

Müller erzählt mir, wie er es bisher geschafft hat, am

Leben zu bleiben, und wie er schließlich im Dreieck landete. Ich berichte ihm vom Luxus kurz nach meiner Gefangennahme, als ich als Laufbursche des Kosakenoffiziers einige Privilegien hatte.

»Warum wurde der Araber eigentlich erschossen?«, frage ich Müller.

»Das war kein Araber. Das war ein Russe!«

»In deutscher Uniform?«

»Ja. Von uns gefangen genommen und als Hilfswilliger in unsere Uniform gesteckt.

In den Folgemonaten bin ich einer von Hunderten deutschen Gefangenen in einem Barackenlager in der Nähe von Blomberg, also westlich der Weichsel. Um die vielen Baracken ist ein hoher Stacheldrahtzaun gespannt mit Wachtürmen davor, in denen sowjetische Posten sitzen und uns bewachen. Auf einer kleinen Anhöhe innerhalb des Lagers liegt die Baracke des Politmajors. Er ist der Chef des Lagers. Es gibt keinerlei Arbeit zu verrichten, die Verpflegung ist mehr als mangelhaft. Einmal am Tag gibt es eine dünne, undefinierbare Suppe und außerdem für jeden etwa zweihundert Gramm gammeliges Brot. Offenbar hat die Bewachungsmannschaft auch nicht genug zu essen.

Die einzigen Gefangenen, die ab und zu etwas mehr Verpflegung bekommen, sind diejenigen, die für die Bewacher arbeiten, zum Beispiel die Gärtner, die vor der Baracke des Politmajors Blumen pflanzen, oder die Tischler, die für die Bewacher Möbel anfertigen.

Jeden Morgen ist Appell. Die Insassen jeder Baracke müssen in Viererreihen antreten, dann wird abgezählt und dem Politmajor Meldung erstattet.

Eines Morgens heißt es: »Schneider vortreten!«

Ich melde mich sofort. Auf die Frage, ob ich Schneider sei, antworte ich: »Nein, aber Schneiderlehrling!«

Daraufhin werde ich einem deutschen Schneider zugeteilt, der in einer gesonderten Nähstube für die Bewacher arbeitet und offenbar mehr zu tun bekommt, als er allein schaffen kann.

Der deutsche Schneider – er ist schon ziemlich alt, ich denke, so um die vierzig, und besteht darauf, dass ich ihn »Erwin« nenne –, also, Erwin merkt natürlich sofort, dass ich noch nie in einer Schneiderei gearbeitet habe. Er meldet das aber nicht, denn eine solche Meldung könnte dazu führen, dass sein neuer Lehrling verschärften Arrest bekommt oder sogar erschossen wird. Innerhalb weniger Tage lerne ich in Tag- und Nachtarbeit Kreuzstich, Hinterstich, Knopflochstich und Stoff »aneinanderstoßen«. Immer wieder muss ich Probenähte für Erwin nähen, der sie sorgfältig begutachtet.

Bald setzt mich Erwin für einfache Arbeiten ein. Der Lagerleitung versichert er, dass man ihm einen »guten Lehrling« zugeteilt habe. Damit ist mir eine halbwegs auskömmliche Verpflegung sicher.

Eines Tages wird Erwin zum Politmajor gerufen, und ich bin allein in der Schneiderstube. Plötzlich stürmt ein sowjetischer Soldat zu mir herein und wirft mir seinen Mantel zu. Dabei redet er aufgeregt auf mich ein. Ich verstehe natürlich kein Wort, sehe aber, dass sein Mantel einen langen Riss hat. Mit vielen Gesten gelingt es mir, ihm klarzumachen, dass er morgen ganz früh seinen Mantel wieder abholen kann.

Die ganze Nacht arbeite ich daran, die gerissenen Stoffseiten so »aneinanderzustoßen«, dass der Riss dann tatsächlich nicht mehr zu sehen ist. Natürlich bin ich ganz stolz auf die gelungene Arbeit. Als der Soldat am nächsten Morgen kommt und ich ihm den Mantel wiedergebe, findet er den geflickten Riss nicht mehr und ist begeistert! Er verschwindet kurz und kommt mit eineinhalb Broten wieder. Das ist ein Vermögen! Ich teile das Brot mit den Kameraden in meiner Baracke – wir essen und werden satt.

Nachts kreisen meine Gedanken jetzt nicht mehr dauernd darum, wie ich meinen Hunger stillen kann. Ich kann auch an was anderes denken. Zu Hause habe ich mal gelesen, dass im Ersten Weltkrieg einem deutschen Offizier gelungen war, aus Russland über China zu entfliehen. Ich habe ja eine Karte von dem Gebiet zwischen Stralsund und Warschau und eine von ganz Asien bei mir und denke, dass ich diesem Vorbild vielleicht folgen könnte. Meinen Plan vertraue ich Müller an.

Der sagt: »Absi, wenn die Russen die Karten bei dir finden, wirst du hingerichtet wie der Russe, von dem du dachtest, er sei Araber. Schmeiß sie weg!«

Ich beherzige seinen Rat nicht, sondern behalte beide Karten in meiner Unterhose. Nie habe ich sie weggeworfen.

An einem Morgen – später erfahre ich, dass es der 9. Mai war – schallt aus den weit geöffneten Fenstern der Baracke des Politmajors dröhnende Musik. Zusammen mit anderen Gefangenen aus meiner Baracke trete ich neugierig ins Freie. Keiner gibt uns diesmal irgendwelche Befehle. Wir sehen, wie alle unsere Bewacher im Laufschritt zum Hauptquartier rennen. Davor tanzen ein paar russische Soldaten zur Musik. Mit einem Mal tritt der Chef vor die Tür, ohne Koppel und ohne Dienstmütze, und wirft jubelnd die Arme hoch. Auf den Wachtürmen schießen die Bewacher in die Luft. Dann klettern sie herunter und laufen zum Politmajor. Auch einige seiner Soldaten stürmen auf ihn zu. Alle sind total aus dem Häuschen, umarmen und küssen ihn! Was ist los?

Da wird uns klar: Der Krieg ist vorbei! Ja, der Krieg ist aus! Das heißt, wir werden vielleicht bald nach Hause geschickt!

In unserem Barackenlager ändert sich leider nichts. Eines Tages, es muss gegen Ende des Sommers 1945 gewesen sein, wird uns morgens beim Appell mitgeteilt, dass eine Versammlung aller Lagerinsassen mit Vertretern des Nationalkomitees Neues Deutschland stattfinden werde. Deutsche Offiziere in deutscher Uniform sprechen zu uns. Offenbar sind das keine Gefangenen, sondern unbewachte deutsche Gäste. Sie berichten uns, dass sie in Moskau ihren Sitz haben und eine Rundreise in sowjetische Gefangenenlager machen, um die deutschen Kriegsgefangenen darüber aufzuklären, was im nationalsozialistischen Deutschland tatsächlich passiert sei. Die Nazis hätten Millionen Menschen ermordet, und zwar industriell ermordet in Todesfabriken. Diese Fabriken seien in sogenannten Konzentrationslagern betrieben worden. Zum Beweis ihrer Behauptungen haben sie Fotos und Filmaufnahmen von den Konzentrationslagern mitgebracht, die sie uns zeigen.

Zuerst halte ich das alles für ganz schäbige Feindpropaganda, die uns demoralisieren soll. Aber dann fällt mir ein, dass diese Nachrichten des Nationalkomitees sich mit dem decken, was meine Schwester mir berichtet hat. Vielleicht sind diese Ungeheuerlichkeiten doch wahr? Nein, das ist völlig ausgeschlossen, wir sind doch das Volk der Dichter und Denker!

Aber was ist mit der Verhaftung meines Vaters durch die Gestapo? Vielleicht wusste er von diesen Ungeheuerlichkeiten und hat deshalb tatsächlich an dem Attentat auf Hitler mitgewirkt? Vielleicht erzählen uns die Leute vom Nationalkomitee doch keine Lügen? Wenn das alles tatsächlich so geschehen ist, dann hätte mein Vater auf der richtigen Seite gekämpft und ich auf der falschen!!

Ich verdränge diese Gedanken und widme mich meiner Mützenproduktion. Viele Gefangene wollen keine militärische Kopfbedeckung mehr haben. Mit Erwin habe ich einen Schnitt für eine Schiebermütze entworfen und nun mit der »Scrienproduktion« solcher Mützen aus verschiedenen Stoffen begonnen. Die fertigen Exemplare verkaufe ich jeweils für ein halbes Brot. Einem kranken Gefangenen habe ich eine Mütze geschenkt.

Meine Arbeit bei Schneidermeister Erwin und meine Mützenproduktion bewirken, dass ich einer der ganz wenigen Gefangenen bin, die ausreichend zu essen bekommen; es geht mir im Lager also vergleichsweise gut. Aber wann dürfen wir endlich nach Hause?

Dann verbreitet sich eines Morgens eine Nachricht wie ein Lauffeuer in den Baracken aller Gefangenen: Wir sollen verlegt werden, um in Bergwerken zu arbeiten.

Verschärfter Arrest

»Wir werden alle Bergarbeiter!«, ruft Horst Müller.

»Du hast 'nen Vogel!«, antworte ich.

»Nein! Ehrlich! Der Dolmetscher vom Politmajor hat das gesagt, und er muss es ja wissen. Bald kommen Ärzte und prüfen, wer arbeitsfähig ist. Die Arbeitsfähigen werden dann abtransportiert.«

Diese Nachricht wird in allen Baracken besprochen. Wahrscheinlich geht's in Kohle- oder Erzbergwerke. Dann Gute Nacht! Dass von sowjetischen Bergwerken jemals einer von uns wieder nach Deutschland zurückkommt, erscheint wenig wahrscheinlich. Die Stimmung im Lager ist auf dem Nullpunkt.

Ich nehme mein Kochgeschirr und gehe über den Lagerplatz zum Wasserhahn. Dabei überlege ich, wie man sich dem Kommando zum Transport in die Bergwerke entziehen könnte. Plötzlich höre ich hinter mir Schritte auf mich zukommen. Ich schaue mich um. Der Dolmetscher. Er zeigt mit dem Finger auf mich und ruft: »In zehn Minuten zum Politmajor!«

»Ich? Warum?«

»Ist Befehl!«, kriege ich zur Antwort. Der Dolmetscher verschwindet wieder in der Baracke des Politmajors.

Mir ist ein absolutes Rätsel, warum ausgerechnet ich zum Politmajor kommen soll. Vielleicht weiß man dort, dass ich Offiziersanwärter war, vielleicht soll ich ja an einem kulturellen Projekt mitarbeiten? Mit gemischten Gefühlen melde ich mich in der Baracke des Lagerchefs. Dort hat man mich schon erwartet. Ich werde in das Büro des Dolmetschers geführt.

»Wie heißen Sie?«, fragt mich dieser.

»Gefreiter Abshagen.«

»Was machen Sie, wenn der Politmajor an Ihnen vorbeigeht?«

»Ich grüße natürlich!«

»Wie grüßen Sie?«

»Ehrenbezeigung durch Anlegen der rechten Hand an die Kopfbedeckung, drei Meter vor dem Herrn Politmajor bis einen Meter dahinter.«

»Ja. Das ist richtig. Warum haben Sie das eben nicht gemacht?«

»Wann denn?«

»Keine Ausreden! Sie sind verurteilt worden. Zu zehn Tagen verschärftem Arrest! Wegen Missachtung eines Offiziers der sowjetischen Armee! Sie haben den Herrn Major nicht gegrüßt!«

Ich bin sprachlos. Wie kam es nur zu dieser absurden Anschuldigung? Da gibt es nur einen möglichen Grund: Der Politmajor muss mir auf dem Platz begegnet sein, ohne dass ich ihn wahrgenommen habe!

Der Dolmetscher ruft jetzt einen Wachsoldaten herbei und sagt zu mir: »Sie werden abgeführt!«

Der Soldat bedeutet mir, vor ihm zu gehen. Beim Heraustreten aus dem »Hauptquartier« greift er nach seinem Gewehr, hängt es sich aber nicht über, sondern behält es in der Hand – für alle Fälle.

Ich werde an allen Baracken vorbei in Richtung Stacheldrahtumzäunung geführt. Dort steht ein weiterer Wachsoldat vor zwei Löchern im Erdboden. In jedem dieser Löcher hockt jeweils ein deutscher Gefangener. Beide verbüßen so ihren verschärften Arrest.

Für den nächsten Delinquenten, nämlich für mich, liegt schon ein Spaten bereit. Ich bekomme den Befehl, auch ein solches Loch zu graben: in Form einer Birne, so, dass ich unten hereinpasse und mein Kopf oben noch unterhalb der Erdoberfläche bleibt.

Mit dem Schaufeln bin ich den ganzen Tag bis zum frühen Abend beschäftigt. Ich bemühe mich, mein Loch unter der Erde so groß wie irgend möglich zu machen. Dann muss ich herausklettern und oben die herausgeschaufelte Erde so verteilen, dass alles wieder glatt aussieht. Ein Gefangener aus dem Nachbarloch ruft mir zu, dass wir zweimal am Tag herausklettern dürfen, um die Latrine zu benutzen, jeweils unter Bewachung durch den Wachmann. Zu essen gebe es täglich nur ein Stück trocknes Brot und Wasser.

Als schließlich meine Haftstrafe unter der Erdoberfläche beginnt, ist mir klar: Ich muss jetzt meine Muskeln möglichst viel bewegen, um nicht die Fähigkeit zu verlieren, herauszukriechen. Wahrscheinlich würden die Bewacher einen Schlappschwanz umlegen. Mit dem häufigen Trainieren meiner Muskeln will ich außerdem erreichen, dass durch die Beschäftigung die Zeit schneller vergeht.

Ich nehme mir vor, alles, was mit mir geschieht, nicht tragisch zu nehmen. Denn wenn ich dauernd meinen Zustand beklage, wird meine Widerstandskraft nachlassen. Die Sowjets werden es nicht schaffen, mich zu demoralisieren! Also will ich jetzt an etwas Positives denken. Der Mongole kommt mir in den Sinn, der mich über die Weichsel geführt hat. Und der mich offenbar nicht als einen verhassten Nazi betrachtete, als er sagte, ich würde bald zu Hause sein. Ihn werde ich nicht so leicht vergessen.

Aber ich will an etwas wirklich Schönes denken. Da gibt es nur ein Thema: Rose! Ich nehme mir vor, in Gedanken ganz lange bei ihr zu bleiben, mir meinen Traum in den schönsten Farben auszumalen. Es wird der schönste Traum meines Lebens.

Mein Traum

Ich träume von Rose. Sie hat vorgeschlagen, mit mir auszureiten. Ich weiß, dass ich mit ihrem Braunen gut zurechtkommen werde, und Rose reitet voran mit Tora, ihrer Fuchsstute. Es ist so schön, Rose vor mir zu sehen.

Ihre Haare hat sie am Hinterkopf mit einem Gummiband zusammengefasst, sodass ihr blonder Pferdeschwanz vor mir hin- und herwedelt. Im Trab erreichen wir eine Senke. Rose lässt Tora plötzlich in Schritt fallen und springt ab.

»Komm! Steig ab! Ich brauch dich hier!«, ruft sie mir zu.

Natürlich springe ich auch ab. Wir befestigen die Zügel der Pferde an einem Baum und setzen uns.

»Ich muss mit dir reden!«, sagt sie.

Was hat sie vor? Warum konnte sie mir nicht vorhin auf dem Gutshof sagen, was sie bewegt?

Rose kommt gleich zur Sache: »Uli! Ich will nicht, dass du in den Krieg ziehst! Ich habe ein Versteck, das kein Mensch kennt. Noch nicht einmal meine Eltern. Kein Mensch wird dich dort finden!«

»Rose!« Ich bin zutiefst erschrocken.

»Hör zu: Du kommst bald an die Front. Und du willst immer der Beste sein. Dann heißt es: Sturm auf die Russen!

Und wer springt als Erster auf? Du! Wer wird als Erster erschossen? Du! Das will ich nicht! Bleib hier! Bleib bei mir!«

Rose blickt mir in die Augen. Sie zwingt mich, ihrem Blick nicht auszuweichen. Das ist die Erfüllung all meiner Träume. Rose will mich haben! So wie ich sie. Aber sie kann doch keinen Deserteur haben wollen!

»Das ist Fahnenflucht! Das hat es in meiner Familie noch nie gegeben!«

»Ich wusste, dass du das sagst. Aber überleg dir's noch mal! Ob du lieber ein toter Held sein möchtest oder mein Mann!«

Etwas Schöneres als Roses Worte kann es in meinem Leben nicht mehr geben, und wenn ich hundert Jahre alt werde. Sie hat gesagt: Werde mein Mann!

Während unseres Rittes zurück zum Gutshof wechseln wir kein einziges Wort. Als wir uns trennen, schauen wir einander lange in die Augen. Wortlos.

Wir werden zueinander gehören, bis der Tod uns scheidet.

»Gibt's bei deiner Tante Else kein anständiges Frühstück?« Mit diesen Worten begrüßt mich Roses Vater, als ich am nächsten Morgen viel früher als sonst bei Rose eintreffe.

»Ich muss mit Rose was besprechen!«, antworte ich. »Gefrühstückt hab ich längst.«

»Also gut. Kein Frühstück für unseren Grenadier! Rose kümmert sich um Sie!«

Damit verlässt der Vater den Frühstückstisch. Roses Mutter ist in der Küche. Ich bin mit ihr allein.

»Ich wusste, dass du kommst«, sagt Rose leise.

»Ja. Meine Antwort ist Ja. Ich will mit dir zusammen

sein!« Ich gehe zu ihr, will Rose endlich küssen. Doch sie schiebt mich zurück.

»Sprich weiter!«

»Ich hab einen Plan für uns gemacht. Das wird alles andere als einfach. Aber wir werden es schaffen!«

»Erzähl!«

»Erzähl du erst von dem Versteck!«

»Der zweite Stall im Hof, links, wo unsere Pferde stehen, da ist doch unterm Dach auf der einen Seite das viele Stroh. Da steht die Leiter. Auf der anderen Seite, wo keine Leiter ist, da siehst du an mehreren Haken Zügel und Gurte für die Pferde. Da ist das Gebäude zu Ende – denkt man. Dahinter ist aber noch ein Verschlag. Dieses Versteck kennt niemand; nur mein Bruder Gerd, der ist jetzt an der Ostfront. Er hat den Verschlag mal für mich gebaut. Dahin ziehe ich mich zurück, wenn Vater mal wieder ungerecht zu mir war. Dann bin ich einfach weg. Und kein Mensch weiß, wo ich bin. Da kann ich dich unterbringen, und ich kann dich heimlich versorgen. Du wirst bestimmt nicht verhungern.«

»Hört sich gut an, passt perfekt zu meinem Plan! Pass auf, ich hab mir Folgendes ausgedacht: Wenn ich zum Dienst in Thorn nicht erscheine, dann werden meine Eltern gefragt, und bald darauf wird die Gestapo eingeschaltet. Wenn ich von hier verschwinden würde, das würde sie herausbekommen. Ich muss auf dem Rückweg nach Berlin beziehungsweise Thorn verschwinden.«

»Wie soll das gehen?«

»Wenn ich morgen nach Berlin fahre, dann bringst du mich zum Bahnhof. Ich erreiche dann wie üblich in Prenzlau den D-Zug nach Berlin, um von dort nach Thorn zu kommen. Das nächste Mal, wenn ich Urlaub habe – mein Oberleutnant meint, eventuell in sechs Wochen –, wird es wieder so sein: Du bringst mich hier zum Bahnhof. Ich werde dann dafür sorgen, dass ich im D-Zug nach Berlin auffalle, sodass später die Gestapo genau feststellen kann, dass ich nach Berlin gefahren bin. Und dann fehlt mit einem Mal jede Spur von mir. Ich bin entweder in Berlin oder auf dem Weg nach Thorn verschwunden. Alles ist möglich. Die Gestapo wird wochenlang suchen, und sie wird nichts finden. Wir brauchen nur eine Möglichkeit, wie ich unerkannt von Berlin zu dir zurückkomme.«

»Hast du eine Idee?«

»Du weißt, in Pasewalk gibt es die Klinik, wo verwundete Soldaten wieder hergerichtet werden. In Berlin betritt ein an den Armen bandagierter Soldat den D-Zug nach Pasewalk. Falls er gefragt würde, könnte er wegen seiner Verbände keine Papiere vorzeigen. Danach wird ihn auch niemand fragen. Man wird ihm mit größtem Respekt begegnen. In Pasewalk steht auf dem Bahnsteig eine Rote-Kreuz-Schwester, die ihn erwartet, um ihn in die Klinik zu bringen. Das bist du. Du musst dann für einen Transport mit Auto sorgen, natürlich nicht bis zu eurem Gutshof. Das ist zu gefährlich. Wir fahren bis zu einem Ort irgendwo in der Nähe. Dort versteckst du Fahrräder. Von all dem darf natürlich niemand etwas wissen, niemand soll irgendwelche Auskünfte geben können! Traust du dir so etwas zu?«

»Uli. Ich liebe dich!«

Eine rettende Idee

Ohne die Gedanken an Rose, ohne all die Geschichten, die ich mir zu unserer Liebe ausdachte, hätte ich die zehn Tage verschärften Arrestes niemals überlebt.

Als ich am zehnten Tag endlich aus meinem Loch herausklettern darf, muss ich auf wackeligen Beinen zunächst meine Grube wieder zuschaufeln. Dann erst darf ich in meine Baracke zu meinen Kameraden gehen.

Dort erwartet mich eine böse Überraschung: Die Baracke ist fast leer. Die meisten anderen auch! Ein Großteil der Gefangenen ist während meiner Haftzeit abtransportiert worden. In die Bergwerke! Auch Horst Müller ist nicht mehr da. Außerdem: Meine Tätigkeit als Hilfsschneider kann ich nicht wieder aufnehmen. Durch die Verringerung der Wachmannschaften hat der Schneider Erwin weniger Aufträge und kann mich nicht mehr beschäftigen.

In meiner Baracke treffe ich auf einen etwas älteren Gefangenen, wohl so Ende zwanzig, den ich nie vergessen werde: Doktor Frech aus Görlitz. Dr. Frech ist Arzt, hat sich aber nicht zum Sanitätsdienst gemeldet. Also ist er ein einfacher Gefangener wie die meisten anderen. Wir kommen ins Gespräch, erzählen einander viel. Es entsteht eine freundschaftliche Verbindung zwischen uns. Ich überlege mit Frech, wie wir wohl erreichen können, dass wir nicht in die Bergwerke geschickt werden. Die Antwort ist einfach: Die sowjetischen Ärzte müssen feststellen, dass wir nicht arbeitsfähig sind. Dann werden wir aussortiert und mit den sogenannten »Halbtoten« nach Hause geschickt. Mit Gefangenen, die schwer krank sind, wollen die Sowjets nichts zu tun haben. Um die sollen sich die Deutschen in Deutschland kümmern.

Schließlich verabreden wir Folgendes: Ich werde ab sofort unter Aufsicht von Dr. Frech hungern. Das darf natürlich niemand merken. Wenn die Sowjets erfahren, dass ein Gefangener seine Arbeitskraft zerstört, dann wird er erschossen. Ab jetzt treffe ich mich mittags mit meinem vollen Kochgeschirr mit Frech am Waschplatz, wo jedermann sein Kochgeschirr nach dem Essen ausspült. Ich gebe Frech dort mein volles Kochgeschirr und erhalte sein leeres. So merkt niemand, dass ich nichts esse, und Frech hat jeden Tag zwei Portionen. Ergebnis: Ich werde immer dünner und sehe bald todkrank aus.

Frech überwacht täglich meine Gesundheit, sagt mir vor allem, wann ich etwas trinken soll – Wasser mit Salz drin. Außerdem bringt er mir bei, wie ich bei der bevorstehenden Untersuchung den sowjetischen Ärzten einen Herzmuskelschaden vortäuschen kann, indem ich überzeugend Schmerzen simuliere, die bis in den linken Oberarm ausstrahlen.

Als nach einigen Wochen die Untersuchung aller Gefangenen ansteht und die Reihe an mir ist, spiele ich die eingeübte Rolle. Der untersuchende Arzt ruft noch eine sowjetische Kollegin hinzu. Nach der Untersuchung besprechen sich die beiden, sehen mich an und bestimmen: »Rechts raustreten!« Damit werde ich eingeordnet in die Gruppe derjenigen Gefangenen, die nach Auffassung der Ärzte nicht mehr arbeitsfähig sind. Also in die Gruppe der Halbtoten. Jeder so ausgesonderte Gefangene wird von einem sowjetischen Soldaten in eine Liste aufgenommen. Damit bin ich für den nächsten Transport nach Deutschland vorgesehen!

Überglücklich berichte ich Dr. Frech davon – ich werde frei sein.

Dr. Frech will sich nun doch zum Sanitätsdienst melden, damit er nicht ins Bergwerk geschickt wird. Wir versprechen einander, dass wir uns in Deutschland wiedersehen.

Die Entlassung

»ABSGAGEN! GANS!«, ruft ein sowjetischer Soldat.

Beim morgendlichen Appell – wir Gefangenen wie immer in Viererreihen angetreten – ist auf dem Platz vor den Baracken ein Tisch aufgestellt worden. Dahinter sitzen ein russischer Offizier und der Dolmetscher. Neben dem Tisch steht der Soldat. Als niemand antwortet, wiederholt der Soldat ärgerlich:

»ABSGAGEN! GANS!«

Da fällt mir ein: Die Russen schreiben anstelle des deutschen Buchstabens »H« immer ein »G«. Gemeint ist also Abshagen, Hans! Ich melde mich und werde nach vorne zum Schreibtisch gerufen. Der Offizier schnauzt mich ärgerlich an, der Dolmetscher übersetzt:

»Gefangener Absgagen, wenn Sie das nächste Mal nicht zuhören, wenn Sie aufgerufen werden, dann schicken wir Sie da hin, wo Sie nicht hinkommen wollen. Haben Sie verstanden?«

Ich nehme militärische Grundhaltung ein und rufe: »Jawoll. Ich habe verstanden!«

Ich darf jetzt nicht weiter auffallen! Mich nicht verteidigen! Mir ist klar, warum ich als Erster aufgerufen wurde:

weil mein Name mit »A B« anfängt. Offenbar beginnt das russische Alphabet auch mit den Buchstaben »A« und »B«.

»Absgagen, Gans! Ihre Staatsangehörigkeit?«

»Ich bin Deutscher.«

»Geburtsjahr?«

»1926.«

Der Offizier schreibt etwas in einen vorbereiteten Zettel. Er guckt mich an, sieht noch mal in eine vor ihm liegende Liste, macht dort einen Haken und setzt dann seine Unterschrift unter den Zettel. Anschließend stempelt er den Zettel ab. Der Stempel thront auf einem blauen Stempelkissen neben ihm auf dem Tisch.

»Hier! Das ist für Sie!«

Der Dolmetscher gibt mir den ausgefüllten Zettel. Dabei schaut er mich freundlich an. Dies ist das erste Mal in Gefangenschaft, dass mich ein Russe anlächelt. Ich erhalte meinen Entlassungsschein. Alles auf Russisch. In Postkartengröße. Ich versuche den freundlichen Blick des Dolmetschers zu erwidern. Dabei merke ich, dass eine Träne in meinen Augen steht. Peinlich! Ich mache eine militärische Ehrenbezeigung in Richtung des Offiziers am Schreibtisch, dann die vorgeschriebene Kehrtwende und trete ab.

Kaum sind die Entlassungsscheine ausgestellt und verteilt, werden wir zum Abmarsch aufgerufen. Jeder muss sofort seine Siebensachen holen. Das sind zumeist die Zahnbürste (so man eine hat), Kamm und die wenigen persönlichen Sachen, die man für sich hat retten können, zum Beispiel ein Foto. Und das alles im Brotbeutel. Manch einer hat überhaupt nichts Persönliches bei sich. Ich habe etwas besonders Kostbares: den fast neuwertigen Offiziersmantel von meinem Vetter Kurd, hellgrau mir dunklem Futter, zusammengeschnürt zu einem Sitzkissen. Daraus will ich mir zu Hause einen Anzug machen lassen. Dazu werde ich zu Schneider Seekt in der Friedrichsstraße gehen, der den Mantel damals auch genäht hat. Das Sitzkissen sieht jetzt dunkelgrau und unauffällig aus. Darin steckt auch meine Zahnbürste. Der Mantel, den ich anhabe, ist ein einfacher und etwas zerschlissener Mannschaftsmantel.

Der Abmarsch der Halbtoten – es sind weniger als zwanzig Mann – wird nur von einem einzigen sowjetischen Soldaten begleitet. Nach etwa einer halben Stunde erreichen wir auf einem abgelegenen Eisenbahngleis einen einzelnen Güterwagen. Das Einsteigen in den Wagen bereitet vielen große Schwierigkeiten, weil es dort keinen Bahnsteig gibt. Sogar unser Bewacher hilft mit, die ausgemergelten Gefangenen in den Wagen hochzuschieben.

Im Güterwagen ist es natürlich dunkel, weil es dort keine Beleuchtung gibt. Lange Zeit passiert nichts. Dann hören wir endlich das Geräusch einer Lokomotive, den Wortwechsel zwischen unserem Bewacher, dem Lokführer und dem Heizer der Lok, und der Zug fährt los. Die Waggontür ist von außen verschlossen, man kann jedoch durch einen schmalen Spalt nach draußen sehen. Ich drängle mich zur Tür und kann so einige unserer Stationen ausmachen: In Bromberg werden wir an mehrere andere Güterwaggons angekoppelt, in denen offenbar auch gefangene Deutsche eingesperrt sind. Dann geht die Fahrt weiter über Schneidemühl, Kreuz und Landsberg an der Warthe. Sofort kommt mir wieder mein Vorfahr aus Landsberg in den Sinn, David Wimmer.

Danach folgt ein langer Aufenthalt in Küstrin. Die Zugtüren werden aufgerollt. Überall russische Soldaten, die in unsere Waggons einsteigen. Einem kranken Soldaten neben mir wird die Pelzmütze abgenommen.

Mit einem Mal greift ein sowjetischer Soldat nach meinem Sitzkissen. »Was ist da drin?«

Ich sage auf Russisch: «Nitschewo – nichts!«

Das Kissen wird mir weggenommen. Das lasse ich mir nicht gefallen! Ich steige aus und frage nach dem Zugführer. Es gelingt mir, einen Dolmetscher zu angeln und dem Zugführer – einem russischen Leutnant – meine Beschwerde vorzutragen:

»Man hat mir mein Sitzkissen weggenommen! Da waren auch meine privaten Sachen drin. Die sowjetischen Soldaten sind doch zu unserem Schutz hier!«

Der Leutnant hört sich meine Beschwerde an. Der Dolmetscher übersetzt seinen Kommentar: »Wer hat den Krieg verloren?«

Ich antworte: »Wir Deutschen.«

»Ihr habt den Krieg angefangen! Wir können uns nehmen, was wir wollen. Abtreten!«

Ich mache eine Kehrtwendung und gehe zu meinem Güterwagen zurück. Auf halber Strecke kommt der Dolmetscher hinter mir her gelaufen.

»Geben Sie Ihren Mantel her!«, befiehlt er.

Ich ziehe meinen Mannschaftsmantel aus. Er nimmt ihn mir ab, reicht mir einen völlig abgerissenen russischen Armeemantel und sagt: »Anziehen! Befehl des Leutnants!«

»Sei bloß froh, dass die dich nicht umgelegt haben! Du mit deinem blöden Gequatsche!« So werde ich in meinem Güterwagen begrüßt. Ich nehme mir vor, mich in keiner Angelegenheit mehr bei irgendjemandem zu melden.

Schließlich Ankunft in Frankfurt an der Oder und Antreten zum Appell. Wir müssen noch mal unsere Entlassungsscheine vorzeigen, die mit einer Liste abgeglichen werden. Und danach? Der russische Leutnant lässt uns über seinen Dolmetscher ausrichten:

»Sie können jetzt wegtreten! Sie sind keine Kriegsgefangenen mehr! Der Herr Leutnant wünscht Ihnen eine gute Fahrt nach Hause.«

Ich kann es kaum fassen, dass ich jetzt wirklich frei sein soll.

Ohne Begleitung durch einen sowjetischen Bewacher gehen wir Entlassenen über viele Gleise in Richtung Stadt. Schließlich erreichen wir den Bahnhof. Erschöpft klettern wir von den Gleisen auf den Bahnsteig, wo wir von deutschen Sanitätern begrüßt werden. Hinter einem gespannten rot-weißen Band steht eine Menschenmenge. Alle klatschen. Erst jetzt wird uns klar: Wir sind in unserer Heimat angekommen! Wir werden umdrängt. Man steckt uns Butterbrote zu. Ich will gar nichts, geniere mich in meinem hässlichen russischen Mantel. Das Einzige, was mich interessiert, ist: Gibt es einen Zug nach Berlin?

Ein Beamter hilft mir weiter: »Ja, dort drüben! Aber der fährt nur bis Rummelsburg.«

»Rummelsburg? Wo liegt das?«

»Rummelsburg ist ein Güterbahnhof in Berlin. Von dort erreichen Sie die Stadtbahn. Gute Fahrt!«

Kein Beamter fragt mich nach einer Fahrkarte. Im Zug nach Berlin-Rummelsburg führt mich der Zugbeamte in sein Dienstabteil. Das ist ein Abteil zweiter Klasse. Unvorstellbar: Sitze, nicht aus Holz, sondern Sitze mit grünem Polster. Ich bin die meiste Zeit allein dort und genieße den

Luxus. Mir ist immer noch nicht ganz klar: Bin ich wirklich frei? Dann denke ich: Wird Rose überlebt haben? Wird sie sich mit mir treffen wollen? Vielleicht ist sie ja inzwischen mit jemand anderem verheiratet?

Nein, ich muss jetzt erst mal an meinen Vater, meine Mutter und meine Schwester Ilse denken. Sind sie am Leben? Steht das Haus mit unserer Wohnung noch? Wissen sie, dass ich in Gefangenschaft bin, nein, war?

Doch immer wieder denke ich an Rose. Rose ist das Wichtigste auf der Welt. Ich bin zuversichtlich. Rose und ich werden ein Paar. Ja! Ich bin verrückt nach Rose! Sie wollte auf mich warten. Ich weiß ganz genau: Niemals werden Rose und ich uns trennen. Niemals!

Ab und zu hält der Zug. Wo, weiß ich nicht. Bald beginnt mein neues Leben. Nein, es beginnt jetzt.

Mein Vater, Wolfgang Abshagen, 1944,
mein großes Vorbild bis zum heutigen Tag

Nachbemerkung zu meinem Vater

Als ich gerade achtzehn Jahre alt geworden war, sah ich meinen Vater anlässlich meines zweiten Besuchs in Berlin im Oktober 1944 zum letzten Mal. Kein Mensch hat meinen Lebensweg so nachhaltig beeinflusst wie er. Die Persönlichkeit meines Vaters erschloss sich mir erst in den Jahren nach meiner Rückkehr aus sowjetischer Gefangenschaft. Ich zeichne hier die wichtigsten Stationen seines Lebens auf:

Wolfgang Abshagen, Jahrgang 1897, wuchs als jüngstes von sechs Geschwistern in einem behütenden Elternhaus in Stralsund auf. Zu Beginn des Ersten Weltkriegs meldete er sich als Offiziersbewerber in einer Elitetruppe, der kaiserlichen Marineinfanterie. Als neunzehnjähriger Leutnant erlebte er, dass ein Offizier auch Befehle ausführen muss, die er nicht für richtig hält. Aus diesem Grund beantragte er seine Versetzung aus dem aktiven Offiziersstand in die Reserve. So etwas war bei der kaiserlichen Marineinfanterie noch nie vorgekommen, und daher landete der Antrag schließlich beim obersten Dienstherrn, dem Kaiser selbst. In einer Kabinettsorder wurde der Antrag genehmigt.

Kurz nach dem Ersten Weltkrieg beschlossen mein Vater und meine Mutter Irmgard, die beide schon in Jugendtagen füreinander geschwärmt hatten, zu heiraten. Aus der Ehe gingen zwei Kinder hervor, meine Schwester Ilse und ich. Meine Mutter war bis zum Tod meines Vaters seine engste Vertraute.

Zwischen den beiden Weltkriegen arbeitete mein Vater als Geschäftsmann in der damals noch jungen, aufstrebenden Filmindustrie, meist in leitenden Funktionen als Geschäftsführer oder Vorstandsmitglied. Dadurch hatte er auch Kontakt zu Vertretern der Filmbranche in den USA. Wie ich erst lange nach dem Krieg erfuhr, nutzte mein Vater diese Kontakte nach der Machtübernahme Hitlers, um jüdischen Bürgern zur Flucht aus Deutschland zu verhelfen.

Wie andere Reserveoffiziere nahm mein Vater alljährlich an militärischen Übungen teil. So ergab es sich, dass er bei Ausbruch des Zweiten Weltkriegs zusammen mit befreundeten Reserveoffizieren in den Dienst des Oberkommandos der Wehrmacht in Berlin berufen wurde, und zwar in die von Admiral Canaris geleitete Abteilung Abwehr. Diese war zuständig für die Abwehr ausländischer Spionage und für deutsche Spionage in allen Staaten, mit denen Krieg geführt wurde.

In der Abwehr bekam Wolfgang Abshagen Kontakt zu Offizieren, die sich gegen die nationalsozialistische Führungsriege zur Wehr setzen wollten, unter ihnen auch Admiral Canaris selbst. Mein Vater wirkte bei der Vorbereitung des Attentats auf Adolf Hitler am 20. Juli 1944 mit. Der Freigabeschein für den Sprengstoff, den Oberst Graf Stauffenberg im Führerhauptquartier in der Wolfsschanze einsetzte, um Hitler zu beseitigen, trug die Unterschrift meines Vaters.

Nach dem missglückten Attentat wurde Wolfgang Abshagen sofort von der Geheimen Staatspolizei verhaftet und sollte vom Volksgerichtshof abgeurteilt werden. Da der einzige Zeuge für seine Mitwirkung, Oberst von Freytag-Loringhoven, sich nach dem Attentatsversuch das Leben nahm, konnte meinem Vater jedoch nichts nachgewiesen werden. Mangels Beweisen kam er aus der Haft frei, gleichzeitig wurde er unehrenhaft aus der Wehrmacht entlassen.

Nach dem Krieg stellte die »Stiftung 20. Juli 1944« förmlich fest, Wolfgang Abshagen habe in der Widerstandsbewegung aktiv mitgewirkt.

Als 1945 sowjetische Truppen Berlin eroberten, wurde mein Vater als ehemaliger Mitarbeiter der Abteilung Abwehr des Oberkommandos der Wehrmacht festgenommen und in einem kurzen Prozess zum Tode verurteilt. In der Biografie über meinen Vater[30] gehen die beiden Historiker Max Trecker und Michael Kamp unter anderem der Frage nach, wie es dazu kam, dass Wolfgang Abshagen trotz seines Wirkens im deutschen Widerstand vom sowjetischen Militärgericht zum Tode verurteilt und hingerichtet wurde.

Die Nachricht vom Tod meines Vaters so kurz nach Kriegsende erhielten wir erst zwanzig Jahre später durch das Deutsche Rote Kreuz. Und erst im Jahr 2000 wurde mein Vater postum von der Russischen Föderation rehabilitiert.

---

30 Max Trecker/Michael Kamp: *Geheimdienst und Widerstand. Das Leben des Wolfgang Abshagen (1897–1945).* August Dreesbach Verlag: München 2011

»Lege den Finger auf jeden Posten,
Frage: Wie kommt er hierher?«

Bertolt Brecht

Ein Nachwort von
Paul Stein

Als ich zum ersten Mal den Titel des Buches hörte – »Generation Ahnungslos« –, glaubte ich, dass es sich um eine kritische Auseinandersetzung mit meiner Generation handelt. Ich lehnte diese Bewertung ab. Ich bin siebzig Jahre jünger als der Autor. Dann las ich das Buch und lernte Hans Ulrich Abshagen kennen.

Der Autor erzählt, wie er siebzehnjährig in den Krieg zog, um ihn für Führer, Volk und Vaterland zu gewinnen. Er beschreibt sich als politisch »ahnungslos«, weil er zu wenig Fragen stellte. Er war bereit, für sein Vaterland zu sterben.

Doch was ist das für ein Vaterland, das seine Kinder in den Krieg schickt?

Hans Ulrich Abshagen wurde nach seiner Ausbildung zum Grenadier an der Front eingesetzt. Nach einem heftigen Kampfeinsatz irrte er verloren durch die Schlachtfelder. Jeden Augenblick bestand die Möglichkeit, getötet zu werden. Lebensrettend war für ihn die Gefangennahme durch die sowjetische Armee.

1946 wurde Hans Ulrich Abshagen aus der Kriegsgefangenschaft entlassen.

Zu Hause erfuhr er, dass der Vater aufgrund seiner Tätigkeit im Oberkommando der Wehrmacht von sowjetischen Truppen verhaftet worden war. Die Zugehörigkeit Wolfgang Abshagens zum Widerstand des 20. Juli war für die Alliierten nach Ende des grausamen Weltkrieges kein Anlass, strafmildernd zu handeln. Weder Mutter noch Schwester, die beide den Krieg überlebt hatten, waren informiert, wo der Familienvater gefangen gehalten wurde. Er galt als verschollen.

In dieser Situation musste Hans Ulrich Abshagen – von Krieg und Gefangenschaft geschwächt – die Position des Vaters einnehmen. Plötzlich war er »der Mann im Haus«, dessen Wort Geltung hatte. Wie schon mit siebzehn, als er die Ausbildung zum Soldaten und die damit verbundene Verantwortung anstrebte, war Hans Ulrich Abshagen zum schnelleren Erwachsenwerden gezwungen.

Seine Schwester Ilse schlug ihm vor zu studieren. Die Kriegsheimkehrer genossen Vorrang bei der Immatrikulation. Ilse, deren Intelligenz und Scharfsinn er bis heute bewundert, gab ihm auch eine überzeugende Begründung mit in das Aufnahmeverfahren: Die Zukunft Deutschlands werde durch die Vereinigten Staaten von Amerika und die Sowjetunion bestimmt werden. Mit einem Studium der Amerikanistik und Slawistik könne er einen Beitrag zur Verständigung der Völker leisten.

Hans Ulrich Abhagen begann sein Studium an der Berliner Universität Unter den Linden, heute Humboldt-Universität. Als Studentenvertreter organisierte er Gespräche zwischen alliierten Offizieren und deutschen Studenten. Über sein Engagement wurde in unterschiedlichen Zeitungen berichtet.

Damals bekam jede demokratische Aktivität Rückenwind, denn die politischen Parteien waren noch nicht ausreichend gefestigt.

Hans Ulrich Abshagen schloss sein Studium mit einer Promotion und dem Titel »Doktor der Philosophie« ab. Seine wirtschaftliche Laufbahn begann er in der Fried. Krupp AG.

Während der Zeit seines Studiums wurde Hans Ulrich Abshagen von seiner Jugendliebe Rose besucht. Die Erinnerung an sie durchzieht das Buch wehmutsvoll und wird immer wieder überlagert durch detailgenaue Beschreibungen soldatischer Handlungen.

Rose kam, erzählte mir der Autor, um ihm das Küssen beizubringen, doch er konnte nicht auf sie eingehen. Er war fasziniert von neuen Freiheiten, neuer Verantwortung und auch von den jungen Amerikanerinnen, die nun in Berlin herumliefen, wie mir der Autor schmunzelnd berichtete. Erst viele Jahre später wurde er sich der emotionalen Folgen seiner Ablehnung bewusst.

Damals wusste er nicht, dass Rose auf ihrem Gut in der Nähe von Prenzlau von sowjetischen Soldaten mehrfach vergewaltigt worden war. Als sie nach Berlin kam, wollte sie diese Gewalt vergessen und in seine Arme flüchten. Sie suchte Schutz. Doch auch Hans Ulrich suchte nach seiner Heimkehr Geborgenheit. Die beiden jungen Menschen hatten Tod und Gewalt erlebt. Sie waren durch ihr Vaterland missbraucht worden. Im Gegensatz zu Rose jedoch war Hans Ulrich Abshagen noch nicht in der Lage, sich fest zu binden. Er glaubte sich in Pflichten und Verantwortungen bewähren zu müssen.

Rose fuhr nach Hause, heiratete einen anderen Mann und bekam in den nächsten Jahren fünf Kinder. Noch nicht einmal vierzigjährig, nahm sie sich Mitte der sechziger Jahre das Leben.

Hans Ulrich Abshagen heiratete zweimal. Heute sagt er von sich, dass es sein größter Fehler war, Rose abzuweisen und diese Liebe nicht gelebt zu haben. Er wirft sich mangelnde Reife vor, denn Rose sei die ideale Frau für ihn gewesen.

Immer wieder sprach der Autor darüber mit mir – und ich begreife, dass er das Gefühl hat, seine Liebe geopfert zu haben, weil er sich von einer Macht vereinnahmen ließ, die ihn manipulierte, Soldat zu werden und in den Krieg zu ziehen.

Für mich ist es heute schwer vorstellbar, wie ein Mensch, der im Dritten Reich aufgewachsen ist, der an den Endsieg und Hitlers Wunderwaffen glaubte, diese starke Prägung ablegen konnte. Im Elternhaus durfte in der Gegenwart von Hans Ulrich nicht über Politik gesprochen werden. Sein Vater plante den Sturz des Hitlerstaates und konnte nicht verhindern, dass sein Sohn in den Krieg zieht.

Hans Ulrich Abshagen beschreibt seine Entwicklung als einen monatelangen Prozess der Meinungsänderung. Im Ergebnis war er von den Parlamenten, die er zuvor noch als »Quasselbuden« abgetan hatte, überzeugt. Innerhalb der neuen deutschen Demokratie wollte er nicht abseits stehen, sondern Verantwortung übernehmen.

Würde man mir sagen, alles, was ich als Vierzehn-, Fünfzehn- und Sechzehnjähriger getan und woran ich geglaubt habe, worauf ich stolz bin, wäre falsch, wäre das Ergebnis einer ideologischen Erziehung, ein Verbrechen – ich wäre verwirrt und niedergeschmettert.

Wie fühlt sich ein innerer Wandel an, zu dem ein Mensch durch die Historie gedrängt wird?

Auf einem vergleichbaren Schicksal verdrängter Erfahrungen, verarbeiteter Erfahrungen – weitermachen, um ein Land am Leben zu erhalten und wieder zu Ansehen zu bringen – beruht die Demokratie unseres Landes. Das Fundament dieser Demokratie schufen Menschen wie Hans Ulrich Abshagen.

In den Wochen meiner Beschäftigung mit dem Text befragte ich meine Altersgefährten, ob sie sich als »ahnungslos« bezeichnen würden. Verblüfft hörte ich demutsvolle Selbstkritik. Die meisten halten sich tatsächlich für »ahnungslos«. Sie sagen von sich, dass sie die Vielzahl der Kommunikationsmittel, der Wissensbeschaffung gar nicht zu nutzen wissen.

Stimmt das? Können wir das alles wirklich nicht schätzen? Sind wir überfordert?

Wir sind geschult in Rede und Gegenrede, haben Mitspracherecht wie keine Generation der Siebzehnjährigen vor uns. Uns ist es erlaubt, Lehrerinnen, Lehrern und Eltern zu widersprechen. Wir lernen, kritisch zu reflektieren, werden zum Widerspruch angeregt und dafür nicht bestraft.

Wir sind es gewohnt, Wissensbeschaffung, Erziehung und Vergangenheitsbewältigung als selbstverständlich hinzunehmen. Das nicht zu würdigen, ist sehr wohl als eine Form von »Ahnungslosigkeit« zu bezeichnen.

Und! Wir haben keine Ahnung, wie es ist, nach dem Unterricht mit der ganzen Schulklasse zum Bedienen der Kanonen in der Flakbatterie ausgebildet zu werden und Flugzeuge abzuschießen. Der Autor gehörte als sechzehnjähriger Seitenrichtmann zu einer Gruppe, die das Kommandogerät einer Berliner Flakbatterie bediente. Für den Abschuss eines Flugzeuges erhielt er das Kriegsverdienstkreuz mit Schwertern. Diese Erfahrung nicht machen zu müssen – also »ahnungslos« zu sein – können wir uns zugute halten.

Unseren Vätern und Vorvätern verdanken wir, Kriegserfahrungen nicht machen zu müssen. Wir sind nicht unwissend, wenn es um die Verbrechen der Nationalsozialisten geht.

Hans Ulrich Abhagen wirft mit seinem Text Fragen auf, die es uns ermöglichen, Lücken zu füllen und besser zu verstehen.

Nehmen wir also den Stafettenstab der Generationen vor uns auf und gehen wir in unsere Verantwortung.

Lassen wir uns von niemandem sagen, wir wüssten unsere Mittel nicht zu nutzen. Wir haben alle Möglichkeiten!

Und fühlen wir die tiefe Botschaft dieses Buches: Verratet niemals eure Liebe!

Paul Stein, geboren 1997, ist Schüler an einem Berliner Gymnasium. Nach der Lektüre von Hans Ulrich Abshagens Erinnerungen hatte er Gelegenheit, den Autor kennenzulernen. Angeregt durch gemeinsame Gespräche verfasste er einen Text, der als Nachwort Eingang in das vorliegende Buch fand. Das Thema »Die Tragödie der Kriegsgeneration und ihre Nachwirkungen bis in die Gegenwart« wird Bestandteil seiner Abiturprüfung sein.

Dank

An diesem Buch haben mitgewirkt: Meine Reisebegleiterin durch das ehemalige Westpreußen, Katarzyna Gladek, die für Zeitgeschichte und militärische Fragen sachkundigen Nikolaus Fasolt und Irene Teichert und nicht zuletzt meine literarischen Beraterinnen Annette Barth, Christine Demmer, Regina C. Henkel und vor allem Regina Rafael. Ich danke allen von Herzen. Mein ganz besonderer Dank gilt meinem Verleger Christian Strasser für die freundliche Annahme des Manuskripts sowie Rodica Doehnert für die Vermittlung und Realisierung dieses Buchprojekts.

Literaturverzeichnis

Bertolt Brecht: *Lob des Lernens*. in: *Die Gedichte. In einem Band*. Suhrkamp: Frankfurt am Main [7]1997. S. 462f.

Eugen Drewermann: *Liebe, Leid und Tod. Daseinsdeutung in antiken Mythen*. Patmos Verlag: Ostfildern 2014. S. 344

Max Trecker/Michael Kamp: *Geheimdienst und Widerstand. Das Leben des Wolfgang Abshagen (1897–1945)*. August Dreesbach Verlag: München 2011

»Macht ohne Liebe macht grausam.«

Laotse

Das Trauma des Nationalsozialismus sitzt nach wie vor tief. Das gilt für die Nachfahren der ehemaligen Opfer, aber auch für die der vormaligen Täter. Diese historische Erschütterung wirkt auf vielfältige Weise nach und kann jederzeit unvermittelt wieder aufbrechen. Barbara von Meibom plädiert dafür, sich der eigenen Wirklichkeit zu stellen und sich mit den Schatten der Vergangenheit zu versöhnen, um so zu einer posttraumatischen Reifung zu gelangen. Hierin liegt Deutschlands Chance in der Gegenwart.

In Interviews mit Gerald Hüther, Götz Werner, Gesine Schwan, Margrit Kennedy, Margret Rasfeld u.v.m. entsteht die Vision einer verantwortungsvollen Gesellschaft, die den Anforderungen der Gegenwart gewachsen und für die Herausforderungen der Zukunft gerüstet ist.

Mehr über unsere Bücher
www.europa-verlag.com

Barbara von Meibom

Deutsch-
lands
Chance

Mit dem Schatten versöhnen

EUROPAVERLAGBERLIN

336 Seiten, gebunden mit Schutzumschlag
ISBN 978-3-944305-15-8